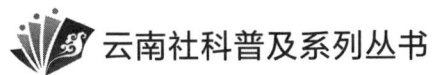
云南社科普及系列丛书

澜湄国家
金融发展与合作报告

REPORT ON FINANCIAL DEVELOPMENT AND COOPERATION IN
LANCANG MEKONG COUNTRIES

刘 方 ◎ 著

中国经济出版社
CHINA ECONOMIC PUBLISHING HOUSE
北京

图书在版编目（CIP）数据

澜湄国家金融发展与合作报告 / 刘方著. --北京：
中国经济出版社，2023.12
ISBN 978-7-5136-7593-2

Ⅰ.①澜⋯ Ⅱ.①刘⋯ Ⅲ.①国际金融-国际合作-研究-中国、东南亚 Ⅳ.①F832.6 ②F833.306

中国国家版本馆CIP数据核字（2023）第235735号

责任编辑　张利影
责任印制　马小宾
封面设计　华　子

出版发行　中国经济出版社
印　刷　者　河北宝昌佳彩印刷有限公司
经　销　者　各地新华书店
开　　　本　710mm×1000mm　1/16
印　　　张　9.75
字　　　数　110千字
版　　　次　2023年12月第1版
印　　　次　2023年12月第1次
定　　　价　78.00元
广告经营许可证　京西工商广字第8179号

中国经济出版社　网址 www.economyph.com　社址 北京市东城区安定门外大街58号　邮编 100011
本版图书如存在印装质量问题，请与本社销售中心联系调换（联系电话：010-57512564）

版权所有　盗版必究（举报电话：010-57512600）
国家版权局反盗版举报中心（举报电话：12390）　　服务热线：010-57512564

序　言

2019年伊始，受课题组负责人委托，由我牵头带领课题组其他重要成员前往老挝、缅甸开启一次重要的境外调查之旅。课题组先后调研老挝国家银行、缅甸中央银行、老挝和缅甸财政部、老挝外贸大众银行、缅甸外贸银行、老中银行等政府和金融机构部门，初步了解了人民币在老挝、缅甸的使用情况，发现人民币在老挝和缅甸内陆使用率较低，这与人民币在中老、中缅边境使用率较高形成鲜明对比。

于是，为什么十多年来人民币国际化却在云南周边国家形成"边境多、内陆少"现象的疑思涌上心头。经查阅相关资料和反复斟酌，我认为至少有两方面原因：一是周边国家金融体系发育不足；二是与中国开展的金融合作层次低、范围有限。这激起了我开展云南周边国家金融体系发展的相关研究的兴趣。恰逢2020年云南省社会科学界联合会（简称云南省社科联）发布了哲学社会科学科普项目申报通知，遂以"澜湄金融发展与合作报告（1990—2020）"为课题申报，并最终成功入选和立项。

研究"澜湄金融发展与合作报告（1990—2020）"的初衷是探寻云南周边国家金融体系发育不足之深层次原因，形成系统专报，但鉴于科普项目的"科"与"普"的特性，加之收集各国金融资料存在一定难度，最终转换为介绍中国与湄公河国家金融体系发展状况和中国（云南）与之开展的金融合作情况。在谋篇布局上，摒弃了以往学术专著所必须包含的导论、文献综述、研究结论等常规性框架结构,直接从发展历史、整体状况和案例剖析等方面展开叙述。在研究内容上,由于金融发展内涵丰富,涉及的内容多、范围广,最终选择金融机构与金融市场两大主题,分别阐述中国、老挝、缅甸、泰国、越南和柬埔寨6个国家的金融机构与金融市场发展情况,以及中国与老挝、缅甸、泰国、越南和柬埔寨的金融合作情况。

一、金融机构发展

从发展历程来看,中国与湄公河各国金融机构均发端于各国独立开始的阶段,大约在20世纪50年代,而且由于发展基础薄弱,金融机构种类少,中央银行承担了部分商业银行职能,开始发行本国货币,而缅甸、柬埔寨受社会动荡的影响,中央银行的发展曾陷入停滞,银行业和保险业则发展缓慢。

进入20世纪80年代后,随着各国经济革新的开启,中央银行职能恢复,股份制商业银行、政策性银行、农村金融机构、私营银行、外资银行、证券保险机构等纷纷成立,金融机构种类呈现多元化。从规模实力看,泰国与中国金融机构(尤其是商业银行)的实力较强,其次是越南的商业银行,柬埔寨、老挝和缅甸的商业银行实力较弱。

二、金融市场发展

从发展历程来看,泰国金融市场发展虽起步早,但却几经波折;缅甸、越南、老挝和柬埔寨金融市场发展则起步晚,规模小。中国金融市场尤其是20世纪90年代以来股票市场、货币市场、外汇市场等发展迅速。

以证券市场发展为例,自上海、深圳股票交易所成立以来,中国证券市场发展速度惊人,市值逐年攀升。相比之下,缅甸仰光证券交易所成立于2016年,只有4家上市公司;老挝证券市场成立于2010年,共有11家上市公司;柬埔寨证券交易所成立于2010年,截至2019年8月,共有6家上市公司；越南则有胡志明市证券交易所和河内证券交易所，先后成立于2000年、2005年，发展速度快，上市公司已超过450家。

从发展优先性和程度看，各国的股票市场优先发展，债券市场、外汇市场、货币市场等后续发展，发展不协调、不充分情况明显。缅甸金融市场发展程度低，泰国、中国和越南金融市场发展水平较高，老挝和柬埔寨金融市场发展处于中等水平。

三、澜湄金融合作

从金融合作形式来看，既有官方层面开展的金融合作，也有民间开展的金融合作。官方金融合作层面主要是货币合作、金融基础设施合作、金融市场合作和金融监管合作。其中，货币合作最为频繁，中国与泰国签订（含续签）双边本币货币互换协议5次，与柬埔寨、老挝签订1次双边本币合作协议、双边本币互换协议。民间金融合作层面主要是金融机构合作，由中国国家开发银行、中国工商银行、中国建设银行、中国农业银行和中国银行等分别与越南、柬埔寨、老挝和泰国的有关银行签订协议。

从金融合作特征来看，货币合作主要与较为发达国家（如泰国）之间开展，金融机构合作逐渐增多，合作趋于多元化；金融基础设施、金融市场和金融监管等方面的合作仅限于2008年金融危机前后，2012年以来并未开展相关领域的实质性金融合作，各领域金融合作不协调、合作停滞情况明显，严重制约了中国与湄公河国家的金融交往。

回顾中国与湄公河国家金融机构、金融市场发展，再到中国与湄公河国家之间的金融合作，不难发现各国金融发展差异大，金融合作形式与内容亦有不同。在构建中老、中缅命运共同体，甚至澜湄命运共同体的实践中，金融合作是重要一环，也是打造澜湄命运共同体的主要抓手。

澜湄各国以金融发展为己任，大力协同促进金融机构、金融市场发展，加快金融基础设施建设，弥合金融发展差距，打破金融交往与合作的制度掣肘，建立官方为主、民间为辅的长久而有效的金融合作机制与平台，共画同心圆，共绘澜湄金融合作愿景，携手推进澜湄命运共同体建设。

　　是为序。

刘　方

2023 年 6 月于昆明

目　录

第一章　金融机构 ································· 1

一、中国金融机构 ································· 1
（一）发展历程 ································· 1
（二）总体概览 ································· 17
（三）案例介绍：中国银行 ······················· 23

二、老挝金融机构 ································· 24
（一）发展历程 ································· 24
（二）总体概览 ································· 26
（三）案例介绍：老中银行 ······················· 27

三、缅甸金融机构 ································· 28
（一）发展历程 ································· 28
（二）总体概览 ································· 33
（三）案例介绍：缅甸 KBZ（甘波萨）银行 ········· 36

四、越南金融机构 ································· 37
（一）发展历程 ································· 37
（二）总体概览 ································· 39
（三）案例介绍：越南外贸股份商业银行 ··········· 44

五、泰国金融机构 ································· 45
（一）发展历程 ································· 45
（二）总体概览 ································· 47

（三）案例介绍：资本账户过快开放的教训 …………… 53
　六、柬埔寨金融机构 ……………………………………… 55
　　（一）发展历程 …………………………………………… 55
　　（二）总体概览 …………………………………………… 56
　　（三）案例介绍：柬埔寨加华银行 ……………………… 59

第二章　金融市场 …………………………………………… 61
　一、中国金融市场 ………………………………………… 61
　　（一）发展历程 …………………………………………… 61
　　（二）总体概览 …………………………………………… 67
　　（三）案例介绍：中国债券市场 ………………………… 68
　二、老挝金融市场 ………………………………………… 73
　　（一）发展历程 …………………………………………… 73
　　（二）总体概览 …………………………………………… 74
　　（三）案例介绍：老挝证券市场 ………………………… 74
　三、缅甸金融市场 ………………………………………… 75
　　（一）发展历程与概况 …………………………………… 75
　　（二）案例介绍：缅甸普惠信贷市场 …………………… 79
　四、越南金融市场 ………………………………………… 80
　　（一）发展历程 …………………………………………… 80
　　（二）总体概览 …………………………………………… 81
　　（三）案例介绍：胡志明市证券交易所 ………………… 85
　五、泰国金融市场 ………………………………………… 86
　　（一）发展历程 …………………………………………… 86
　　（二）总体概览 …………………………………………… 87
　　（三）案例介绍：泰国证券市场 ………………………… 89
　六、柬埔寨金融市场 ……………………………………… 91
　　（一）发展历程 …………………………………………… 91

（二）总体概览 ································· 93
　　（三）案例介绍：西哈努克自治港（PAS） ············ 95

第三章　金融合作 ······································ 97
　一、中国与湄公河国家金融合作状况 ···················· 98
　　（一）中国与湄公河国家合作历程 ···················· 98
　　（二）中国与湄公河国家金融合作现状 ··············· 100
　二、中国与湄公河国家金融合作特征 ··················· 101
　三、新时代云南对外开放与合作角色 ··················· 102
　　（一）近代云南对外开放的历程 ····················· 102
　　（二）云南跨境金融合作的现状 ····················· 104
　　（三）云南在对外金融合作中扮演的角色 ············· 106
　四、新时代云南对外开放与合作路径 ··················· 106
　　（一）云南对外开放的路径 ························· 107
　　（二）云南跨境金融合作未来路径 ··················· 108

主要参考文献 ··· 110
附　录 ··· 119
索　引 ··· 143
后　记 ··· 144

第一章 金融机构

金融发展是指金融结构的变动,体现为人为的金融压制消除和金融结构改善、金融工具创新。金融结构按融资模式分为银行导向型和市场导向型两种,因而金融发展包括金融机构和金融市场两方面。

金融发展的衡量,涉及规模、效率和可及性等多方面。金融发展的规模可以用金融资产与实物资产的比例,即金融深化程度衡量;金融发展的效率即金融中介与市场的资金配置效率;金融发展的可及性,即金融服务范围的扩张、金融服务下沉等惠及多数人,体现为金融服务的普惠性。

本章从各国金融机构发展历程、整体现状和主要金融机构出发,系统而全面地介绍各国金融机构的基本情况,而非如何量化金融机构发展状况,至于金融机构发展的量化及其比较,本书附录 C 以国际货币基金组织(IMF)数据做了简要的国别比较。

一、中国金融机构

(一)发展历程

1. 银行业金融机构

中国银行业 70 年发展历程可分为两大阶段:计划经济阶段(1949—1978年)和市场经济阶段(1979 年至今),进一步地,若以银行业发展特征及重大事项为标志,可将其细分为五个小阶段。

(1) 银行业大一统阶段（1949—1978年）

1949年新中国成立后，我国面临严峻的国内外形势：从内部形势看，工农业基础薄弱，导致国内总产值大幅下降，失业率攀升，物价高企，人民生活贫困；从外部形势看，以美国为首的西方国家对我国实行政治孤立、经济封锁和军事包围的政策，我国经济复苏举步维艰。在此背景下，中国银行业发展的首要任务是服务"一化三改造"，协助新中国向社会主义初级阶段过渡。

一是统一管理的银行机构体制。首先，银行业发展之初的特征为"单一制"结构。1969年，中国人民银行总行与财政部合并，承担所有城乡经营活动，形成"单一制"的银行结构。其次，中央银行职能不专一，统筹管理全国资金。在"大一统"阶段，中国人民银行既是发行银行，又是商业银行。一般而言，作为一国央行，中国人民银行应专一行使其职能。然而，随着商业信用的取消和"统存统贷"制度的推广，当时所有信用和结算的资金集中于中国人民银行，以此实现其对资金的统一管理和划拨，使其不仅是一国货币发行的重要主体，还是全国银行业务的主要经营者。

二是人民银行及分行缺乏应有的自主权。首先，中国人民银行监管自主权匮乏。受计划经济体制的影响，中国人民银行主要通过行政手段，监管全国信贷计划实施、现金库存等的变化情况，其内容侧重于合规性，管理手段单一，并且缺少自主权。其次，各级分支单位资金使用自主权缺乏。当时人民银行下设的各分支机构吸收的所有存款，必须全部归结和上缴总行，各级分支机构并不能自由安排和使用资金。

(2) 银行体系初步建成阶段（1979—1992年）

1979—1992年我国国民经济好转，一方面，国民储蓄能力大幅提升，经济对资金的需求增加；另一方面，政府调配社会资源的能力下降，财政资金无法支持实体经济的快速发展。而且，日益暴露的"单一制"银行结构和金融抑制弊端，催生了我国探寻银行管理机制和模式变革之路，以适应新时期发展需要。

一是国有专业银行的恢复与组建。1979—1984年，我国先后恢复建立中国农业银行、中国银行、中国工商银行和中国建设银行四大国有银行。这些银行恢复重组后，极大地拓宽了我国银行业务和经营领域范围。"拨改贷"政策落地后，由银行统一管理国有企业的全部流动资金，而且企业资金主要来源于四大国有银行，这无疑保障了当时国有企业和整个国民经济和社会发展的正常运行。

值得一提的是，此阶段国有银行实行的是行政化管理体制，国家以行政手段方式命令和约束国有银行，同时以金融支持体制内产出，借此弥补国家财政能力不足。虽然国有银行发展迅速，规模也不断扩大，但是由于政策性负担过重，资金配置功能未能有效发挥，具有明显的"增长高，效率低"的特征。

二是中国人民银行开始行使中央银行的职能。1983年，国务院正式颁布《关于中国人民银行专门行使中央银行职能的决定》，以法律形式规定中国人民银行的性质与地位，明确中国人民银行的业务范畴，自此不再办理针对企业和个人的信贷业务，主要承担金融监管、制定和实施货币政策的职责。监管方式从纯粹的计划性行政手段向行政与经济手段并存的方式转变，资金流通方式由计划分配转向信贷关系。

三是中国股份制商业银行起步。1986年国务院发布了《关于重新组建交通银行的通知》，由此中国拉开了股份制商业银行改革与发展的帷幕。这是我国第一家以股份制形式组建的商业银行。1987年，第一家依托企业发起的中信实业银行正式成立；同年，地方金融机构及企业共同出资的深圳发展银行也开始营业。以交通银行、中信银行、深圳发展银行、招商银行等为代表的股份制商业银行先后成立，标志着我国"二元"银行体制的最终确立。

四是银行业监管制度的建设。1986年，我国首部系统全面的金融基本法——《银行管理暂行条例》正式颁布，该条例简明扼要地确定了包括银行在内的各类金融机构及其各项金融业务的行为规范准则。同年12月，国务院颁发《关于金融体制改革的决定》，正式明确政策性金融与商业性金融分离，以国有商业银行为主体、多种金融机构并存的金融组织目标体系，为建立统一开放、有序竞争、严格管理的金融市场体系架构提供了制度保障。

（3）商业化改革进展曲折阶段（1993—2002年）

1993—2000年，国内外形势发生了翻天覆地的变化。对内，我国逐步建立起以公有制为主体、多种经济成分并存的市场经济体制，在资源配置中市场机制逐渐起决定性作用。对外，2001年中国正式加入世界贸易组织（WTO），在融入全球多边贸易体系的同时，也面临金融市场对外开放的新挑战。在此宏观经济环境下，我国银行业必将与国际金融市场衔接，亟须加强自身金融风险防控能力，构建一个多层次、多样化的发展新格局。

一是中央银行职能逐步转变。首先，中国人民银行的法律地位初步确立。1995年《中国人民银行法》发布，正式确立了中国人民银行的法律地位，明确中国人民银行为我国中央银行，从法律层面对其性质、地位及职能进行明确。对于央行的三大职能、主要货币政策工具，《中国人民银行法》均做出精准的定义与划分，同时规定非金融部门无法从中国人民银行获取贷款，促使货币政策从直接调控转向间接调控。

其次，中国人民银行让渡部分监管职能归属权。1997—2003年，中国证券监督管理委员会、中国保险监督管理委员会、中国银行业监督管理委员会先后成立，分别对国内证券、保险、银行经营机构及市场进行统一监管，原隶属中国人民银行相应金融机构的监管归属权得以转让。自此，作为国务院组成部分的中国人民银行的主要职能得到合理转变，从过去的"统筹兼顾"向"各司其职"过渡，专门"制定和执行货币政策，不断完善有关金融机构的运行规则，更好地发挥作为中央银行在宏观经济调控和防范与化解系统性金融风险中的作用"。

最后，中国人民银行大区分行体系逐步建成。1998年中央金融工作会议规定，撤销中国人民银行省级分行，设立跨省区分行，中国人民银行分支布局彻底改变。根据此次部署，分支设立从过去传统的行政区划分转变为经济区划分，中国人民银行大区分行体系的建立，对增强支行行政自主性、深化区域经济与金融发展、强化总行金融监管意义重大。

二是政策性银行体系建立。1994年，为贯彻政府经济政策，界定政策性业务，三大政策性银行——国家开发银行、中国进出口银行、中国农业发展银行相继成立，严格分离政策性金融和商业性金融，我国初步建立政策性银行体系。

截至2002年末，中国已经形成以中国人民银行为监管主体，4家国有独资商业银行为重要参与者，3家政策性商业银行、10家股份制商业银行、111家城市商业银行、523家城市信用社、38153家农村信用社和158家外资商业银行共同构成的宏大银行体系。

三是国有专业银行商业化改造。为改善国有专业银行的不良经营状况，1995年颁布的《中华人民共和国商业银行法》，从法律层面将四大国有银行性质确定为国有独资商业银行。根据《中华人民共和国商业银行法》规定，不再根据专业领域划分国有银行的经营业务，国有银行仅需负责商业性业务，实施"自主经营、自担风险、自负盈亏、自我约束"的经营机制。

四是国有独资银行风险化解。为进一步减轻国有银行负担，降低其不良贷款率，我国相继成立了中国华融、中国长城、中国信达和中国东方4家金融资产管理公司，以收购国有银行巨额不良贷款，总共剔除国有商业银行不良贷款2.69万亿元。值得关注的是，政策性负担这一根本性问题其实仍未解决，此阶段的改革未能有效根治国有银行预算约束问题。即使在剥离国有银行政策性因素后，截至2001年，国有银行不良贷款率仍然高达49.29%，远高于自有资本。

五是银行业机构监管体制的调整。在此阶段银行业金融机构的监管体制出现重大调整。监管重点由限制贷款规模向风险管理转移，全国开始统一推行资产负债管理和风险管理。基于此，在全国范围内监管部门逐步对各类金融机构开展综合检查专项活动，重点检查金融机构的资质、盈利、合规情况，对违法违规的金融机构予以整顿肃清，同时依据各项银行管理办法，建立了一套完善的法律体系，如《中华人民共和国中国人民银行法》《中华人民共和国商业银行法》《中华人民共和国银行业监督管理法》等，体现了党和政府采用市场化手段规范其运营的决心。

（4）银行业高速发展阶段（2003—2013年）

随着中国市场化改革的不断推进，我国经济进入了高速增长新阶段，国内生产总值常年维持两位数的快速增长，市场环境宽松便利，流动性充裕，面对2008年国际金融危机对我国的冲击，党和政府实施了促进经济平稳较快发展的"一揽子计划"，在全球率先实现经济企稳回升并保持平稳较快增长。在此环境下，中国银行业也取得了突破性进展，各项经营指标达到预期，保持持续向好态势。

一是国有银行的股份制改革。2002年，我国金融改革核心为国有银行改革，国有银行将根据现代商业制度进行股份制改革，以实现产权结构优化、政策性负担降低、国家公信力提升，将国有银行转变为普通股份制商业银行。国有银行顺利转型后，其资产质量向好，盈利能力提升，不良贷款缩减，内部管理增强，银行基本面发生着积极变化。截至2013年末，4家国有银行的总资产达到62.71万亿元，是2003年总资产的4倍多。

二是中小银行百花齐放。首先，股份制商业银行规模迅速扩张。自国有银行股份制改革以来，股份制商业银行的市场份额快速扩张，市场占比和机构数量不断增加。截至2013年底，股份制商业银行的总资产占比达到18.1%。其次，城市商业银行发展与日俱进。为了实现自身快速发展，解决效益低下、风险突出、基础薄弱等问题，城市商业银行通过加强风险管理、引进战略投资者、跨区域增设分支机构等方式，逐渐转变为竞争力强、特色鲜明、种类丰富的区域性商业银行，成为中国银行体系中的重要支柱。

三是中央银行的职责细化。2003年3月，中国银行业监督管理委员会（以下称银监会）正式成立，我国初步建成"一行三会"金融监管体制，中国逐步从统一监管体制走向分业监管体制。同年12月通过的《中华人民共和国中国人民银行法（修正案）》将中国人民银行职能精准描述为"制定和执行货币政策、维护金融稳定、提供金融服务"。中国人民银行的职责专业化可从银监会成立与其职责明确的过程中得以体现,二者之间的职责划分与细化,表明我国完成了金融宏观调控和微观监管相分离。

四是允许外资银行进入。为积极兑现金融开放承诺,促进银行业稳健发展,我国进一步强化和完善了外资银行的监管。2006年国务院颁发《外资银行管理条例》,该条例规定外资银行进入中国银行市场可采取自行设立机构进行扩张和投资入股中资银行两种方式,同时逐步开放外资银行外汇业务、拓宽人民币业务客户和地域范围。该项条例的发布标志着中国银行业正式开启对外开放新时代。

(5) 经济新常态下的转型与发展阶段(2014年至今)

中国经济发展步入新常态后,经济结构调整、增速放缓、创新驱动成为新时期我国经济社会的主要特点,国内外局势依然严峻复杂:对内,面临宏观经济增速放缓、经济或将陷入长期低速增长困境;对外,中美贸易摩擦持续发酵,"逆全球化"和贸易主义思潮愈演愈烈。该时期防范外部风险、维护我国经济稳定与安全的重要性愈加凸显。

一是银行业系统性风险的累积。通常而言,长期经济上行往往会导致大量隐性风险积累,在经济下行阶段可能出现集中性爆发,进而影响银行经营稳健性。从我国银行业不良贷款率走势看,随着金融改革的不断推进,我国银行业的不良贷款率在2007年后呈现下降趋势,然而在2011年末触底反弹,并在2014—2018年系统性风险出现了持续性高峰期。同时,随着利率市场化改革的不断深化,我国利率波动幅度放大,波动频率加快,利率期限结构复杂多样,而银行自身的逐利性可能使银行业面临更高的信用风险和流动性风险,对其风险抵御系统造成强烈冲击。

二是商业银行创新驱动发展。近年来,金融创新被公认为是支撑我国银行业可持续发展的不竭动力,是银行提高产品和服务竞争力的重要渠道,商业银行发展动力将从要素驱动向创新驱动转移。商业银行主要可通过以技术驱动的大数据金融、人工智能金融、区块链金融、量化金融四个核心部分,解决日常经营存在的产品单一、竞争动力不足等问题,助力商业银行数字化转型，提升运营效率和客户体验。

三是银行业监管体制进一步完善。2017年全国金融工作会议强调"应加强金融监管，设立国务院金融稳定发展委员会"。2018年十三届全国人大一次会议提议整合银监会和保监会职责，组建银保监会。2020年银保监会发布了《中国银保监会2020年规章立法工作计划》，共提出制定或修订规章制度26项。金融业开始出现混业经营加速发展的趋势，我国金融监管体制也随时代潮流由过去的"一行三会"过渡到"一委一行两会"新架构。"三大攻坚战，防范化解金融风险是重中之重"，短期来看，二者的合并符合防范风险、服务实体经济的主基调，而从中长期来看，也为我国金融业真正走向市场化、国际化打下了坚实基础。

2. 证券业金融机构

追溯中国证券业发展历程，至今已有70多年历史，相比拥有成熟证券市场的欧美国家，中国特殊的经济政治体制导致证券业发展历程坎坷，直到改革开放后才步入正轨，证券业开始成为中国金融体系中至关重要的组成部分。

（1）启蒙阶段（1949—1979年）

1949—1979年，我国证券业的发展主要集中于1949—1958年这10年，由于证券行业发展相对缓慢，证券类机构的发展也较为迟缓。

一是天津交易所设立。1949年6月，为引导游资发展生产，经天津市军管会金融接管处的批准，天津市政府基于国民党余留证券交易所旧址，设立了天津证券交易所，这是新中国政府成立以来设立的首个证券交易所。根据《天津市证券交易所规章》规定，处于解放区内所有益国利民的股票，经审核批准后皆可入场交易。天津证券交易所的创立象征着中国证券市场的正式启幕，其中上市的股票主要为以下五种：启新洋灰、滦州矿物、东亚企业、仁立实业和耀华玻璃公司。

二是北京证券交易所营办。1950年1月，北京证券交易所改造复市，由于证券经纪人普遍存在赌徒式投机思维导致证券市场投机过度，暴跌暴涨、巨额呆账等难题不胜枚举。随着三大改造的基本完成，传统社会主义理论和计划经济体制开始否定和排斥证券市场，证券交易市场基本停滞。1952年7月，天津市人民政府撤销了天津证券交易所，同年10月北京证券交易所也被人民政府宣告关闭。

（2）探索阶段（1980—1990年）

1978年党的十一届三中全会召开，开启了改革开放历史新时期，随后实施经济体制改革，中国经济也得到飞速发展。证券市场是经济发展过程中的产物，我国证券业也随即进入历史转折期。伴随日益增长的证券发行量和流通需求，全国开始涌现股票和债券的"柜台交易"，中国的证券经营机构开始萌生。

一是日益增多的东部沿海地区证券机构。1985年建立的上海延中实业有限公司是一家以公开发行股票募集资金的集体所有制企业。1986年中国工商业银行上海信托投资公司静安证券业务部开业，这是改革开放后成立的首家证券公司。随后，前沿的东部沿海城市各证券机构纷纷成立，证券市场持续活跃。

二是相对匮乏的证券机构的监管体制。在此时期，中国证券业发展一直处于不断探索和实践中，经历T+0的模式、没有涨跌停机制、权证交易和国债期货等市场的摸索。中国证券市场在不断试错和纠正，证券业存在市场法律意识模糊不清、监管职责分工不明、监管法规存在空白、证券公司及行业的抗风险能力薄弱等问题。尽管这一阶段为后期推动证券市场快速成长遗留了许多系统性风险，但此阶段所积累的宝贵历史经验，也为将来中国证券行业的完善和发展奠定了深厚的根基。

（3）起步阶段（1991—1998年）

1992年，在视察南方时的重要谈话中，邓小平对经济改革中难以回避的重要问题发表了看法，明确了市场经济改革发展方向，肯定了"证券""股市"，提出了"要坚决地试"。在企业股份制改造及经济体制改革后，中国证券业机构逐步增加，推动证券行业规范化、标准化发展。

一是上海、深圳证券交易所成立。1990年12月，上海证券交易所在黄浦江畔敲响第一记开市锣声，这是新中国成立以来中国内地第一家证券交易所。次年7月，深圳证券交易所开始运营。上海、深圳证券交易所的成立标志着我国场内交易市场起步，也为此后资本市场的发展奠定了坚实基础。

二是证券类机构监管法规的逐步完善。1991—1998年，证券业相关的法律制度逐步建立健全，市场上市规模不断扩大。《股票发行与交易管理暂行条例》于1993年4月颁布，对上市公司、股票发行以及交易等做出了基本规范。截至1998年底，全国共计证券公司90家，营业部2412个，证券投资基金公司6家，相关会计师事务所107家，资产评估机构116家。

（4）发展阶段（1999—2016年）

自2001年正式加入世界贸易组织（WTO）以来，中国坚持法治化、市场化及国际化原则，加速发展证券业。在此时期中国经济已进入高速增长轨道，相应地，证券类机构纷纷抓住了经济发展机遇，证券行业迎来了空前未有的"黄金时代"，促进证券行业和证券市场规范发展。

一是境外机构投资者积极参与我国证券市场。首先是QFII的实施。由于当时我国资本项目尚未完全开放，为了建成一个有序、稳妥开放的证券市场，合格境外机构投资者（QFII）制度于2003年7月开始实施。该制度在一定限制条件下，允许合格的境外投资者对国内证券市场进行投资，在一定程度上解决了我国在资本项目管制条件下向外资开放本土证券市场的问题，是一种开放资本市场的过渡性制度。QFII的实施倒逼中国证券市场的监督机制，同时大机构的介入可从参与公司治理的角度规范上市公司的行为，从而从本质上改善中国证券业机构的质量。截至2016年末，我国批准的合格的境外机构投资者共有435家。

其次是"沪港通"和"深港通"的启动。2014年11月，"沪港通"正式启动，沪深两地资本市场迎来了互联互通的时代。2016年12月，"深港通"正式启动，这意味着内地与香港的投资者可通过本地证券公司或经纪商买卖规定范围内的对方交易所上市的股票。"沪港通"与"深港通"的出现，标志着中国在探索人民币资本项目自由兑换、推动人民币国际化道路上迈出了重要一步，也开启了跨境证券投资新模式。

二是证券类机构法治化管理。1999年国务院颁布的《期货交易管理暂行条例》指出，现阶段亟须对期货交易行为进行规范管理，对期货交易的监督行为强化管理，维护中国期货市场秩序。该条例的启动，对期货市场以往存在的一批不合规证券机构整顿清退。同年7月1日，《证券法》正式实施，确立了资本市场在中国的法律地位。这些法规的施行意味着我国证券业的法治体系和环境更加完善，法治基础更加牢固，投资者的利益得以有效保障，证券类机构的行为得到有效规范。

(5) 新时代发展时期（2017年至今）

2017年10月，党的十九大报告明确指出："中国经济已由高速增长阶段转向高质量发展阶段，中国经济已进入新时代。"与之相适应的是多层次资本市场的快速发展，证券业发展步入创新驱动阶段。

一是中国证券市场开放力度加大，外资机构规模日益扩张。在2018年博鳌亚洲论坛的主旨演讲中，习近平主席指出，"金融开放是深化对外开放的核心，必须加大开放力度，拓宽中外金融市场合作领域"。2017年颁布的《内地与香港债券市场互联互通合作管理暂行办法》，表明中国"债券通"正式启动；2019—2021年，中国债券相继被彭博巴克莱债券指数（BBI）、摩根大通全球新兴市场政府债券指数（JPM）、富时罗素全球政府债券指数（WGBI）全球三大国际债券指数纳入。中国债券纳入三大国际债券指数是继加入"特别提款权货币篮子"后，中国深化金融对外开放、融入全球金融体系的又一个重要里程碑。截至2020年1月末，中国债券市场存量规模已经达到100.4万亿元，其境外投资者持债规模已然超过2.2万亿元，同比增长22%。

二是设立科创板，实行注册制。2018年首届中国国际进口博览会开幕式上，习近平主席宣告设立科创板，并在科创板开展注册制试点。次年关于科创板的设立、注册制的实施以及监管办法的相关政策也随之陆续出台。中国科创板的设立对支持科技创新、扶持创新型企业、助力经济高质量发展、推动资本市场市场化改革具有重要战略意义。

3. 保险业金融机构

（1）兴起阶段（1949—1958年）

新中国成立前后，短时间内中国保险业恢复，经营机构遍布全国各地。新中国成立后十年内，保险行业经历了重大调整和波动，保险市场也从过去的外国资本垄断转变为国家资本垄断新阶段，这些改变都是国家意志的象征。在此阶段，我国保险业机构得到大力发展，这也为未来中国保险业的快速发展奠定了基石。

一是国营保险公司成为市场主体。上海解放后，上海管理委员会下属金融处保险组接管了官僚资本保险公司，对保险业进行公私合营转型，对私营保险公司采取既扶持又限制的方针，对外商保险公司进行严格约束和限制。最终外资保险公司逐渐退出中国市场，国营资本迅速占领中国保险市场。在国家政策扶持和积极发展保险行业的时代背景下，国营保险公司得到发展，这也是我国保险行业在此时期得到大力发展的根本原因。

二是保险机构遍布全国，保险从业人员大量增加。1949年前，保险机构及分支主要位于上海、广州等一线城市，主要围绕此类城市周边开展业务，保险从业人员较少。自中国人民保险公司成立后，其分支机构遍布全国各地，保险从业人员持续增长。国营保险公司在全国各地快速设立机构并积极吸收大量从业人员，这是保险业在新中国成立后十年发展进程中创获的丰功伟绩。

三是保险产品大量增加和创新。新中国成立后，保险行业经营与管理出现巨大改变，客户服务质量和管理效率得到显著提升，保险产品及时更新换代，传统险种拓宽了保障范围，新险种开展试办，强制保险业务也勃然兴起。到1952年底，中国人民保险公司收取强制保险数额达到7700亿元，赔付1200亿元，在一定程度上促进了国民经济的恢复。国营保险业务保存和延续了保险业务的传统职能，这也是保障国民经济的重要方法。

(2) 停滞阶段（1959—1978 年）

受"大跃进"和"文化大革命"的影响，我国保险业在这一时期的发展迂回曲折。1958 年人民公社化后，全国财政会议决定停办除国外业务以外的一切国内保险业务，这一停滞局面直到 1979 年才结束。

在政治经济环境风云变幻的局势下，我国只能开展国外保险业务，对涉外保险经营模式进行修改完善，涉外保险业务得到了持续、健康的发展。首先，在出口保险业务方面。我国与横跨亚、欧、非大陆板块的 13 个国家的 23 个保险公司搭建、深化交换分保关系。同时，修改、完善分出分保条件，有效地控制分出分保的利润率，进一步减少了分保费外汇支出成本。通过以上调整，1958 年分保费外汇收支首次入超 3.4 万英镑。1958—1960 年出口保险业务情况如表 1-1 所示。

表 1-1　1958—1960 年出口保险业务情况

年份	保险费（元）	赔款（元）	赔付率（%）
1958	3877601	805831	20.78
1959	5941257	2222109	37.4
1960	6873013	3537822	51.47

资料来源：《中国统计年鉴》。

其次，在进口保险业务方面。出口保险业务蒸蒸日上的同时，进口保险业务也在稳步发展。这段时间的保额收入平均每年约 2.7 亿英镑，进口保险额也比保险业起步期大幅增加。1960 年相比 1951 年进口保额暴增了 4.17 倍多，达 347 万元。这一时期我国进出口保险业务呈现蓬勃发展之势，为国民生产服务、外汇增收、国际收支平衡等提供了发展动力。1958—1960 年进口保险业务情况如表 1-2 所示。

表1-2 1958—1960年进口保险业务情况

年份	保额（英镑）	保费（英镑）	平均保费率（%）	赔款（英镑）	赔付率（%）
1958	264074624	841199	0.31	278835	34.25
1959	295688038	652213	0.22	217814	33.40
1960	258653109	422226	0.17	235087	53.16

资料来源：《中国保险史》。

(3) 恢复阶段（1979—1995年）

1978年，党的十一届三中全会明确提出"逐步恢复国内保险业务"，中国保险业开启了改革开放的历史进程。随着改革开放的不断深入，我国保险业也逐渐打破了中国人民保险公司独家经营的传统格局，逐步形成国内、涉外保险业务繁荣兴旺的发展趋势。

一是国资保险公司层见叠出。1991年中国人民保险公司的主要经营业务逐渐恢复，中国交通银行随即创建了保险部，并组建了综合性保险公司——中国太平洋保险公司，成为我国第二家经人民银行批准的全国性股份商业保险公司。1988年，我国第一家股份制保险公司——平安保险公司诞生于深圳蛇口，并于1992年改称中国平安保险公司。自此，中国人民保险公司、太平洋保险公司和平安保险公司三足鼎立局面基本形成。截至1996年底，我国保险市场共有8家全国性保险公司、13家区域性保险公司。其中，内资5家、外资分公司7家、合资1家。

二是外国保险公司重返中国。自1992年党的十七大确立市场经济体制改革目标后，外国保险公司进入中国保险市场。1992年9月，美国友邦保险公司在上海设立分支机构，这是国内保险市场恢复后首家进入中国的外国保险公司。1994年，东京海上日动火灾保险公司也紧随其后于上海设立分支。

三是企业投资涌入保险市场。随着我国保险类公司的融资结构日趋多元化，企业资本也纷纷抢滩保险市场。例如1994—1995年中国第一、第二家由企业出资组建的股份制商业保险公司——天安保险股份有限公司、大众保险股份有限公司相继在上海成立。

四是保险类金融机构监管机制逐步确立。伴随保险行业进入全面恢复阶段，我国保险市场发生了翻天覆地的变化，保险市场规模持续扩大，市场主体急剧增加，监管机制也不断完善。其中，《中华人民共和国保险法》的颁布彻底结束了中国保险行业混业经营模式，保险行业正式开始迈入分业经营的规范化道路。

(4) 规范发展阶段（1996—2000年）

为配合《保险法》的落地落实以及"分业经营、分业监管"的基本要求，1999年，国务院撤销中保集团，旗下三家子公司分别改名为中国人寿保险公司、中国再保险公司和中国保险股份有限公司，这标志着中国保险业正式进入了分业经营的规范发展阶段。

一是分业经营保险公司随之涌现。经央行批准，中国保险行业接连出现大量分业经营保险公司。例如，仅1996年一年内我国就陆续设立了华泰财产保险股份有限公司、新华人寿保险股份有限公司、华安保险股份有限公司、永安保险股份有限公司；随后的1998—1999年又相继成立了安联大众人寿保险有限公司、太平洋安泰人寿保险有限公司和金盛人寿保险公司等六家分业经营保险公司。

二是我国开始产生大批中外合资形式的外国保险公司。1996年后，许多国际保险公司进入中国，所属国家和投资手段也不断多元化。其中比较著名的是中宏人寿保险有限公司，是由加拿大宏利金融集团属下的宏利人寿保险公司与中国中化集团有限公司旗下的外经贸信托合资建立而成，也是我国保险市场对外开放以来首家中外合资的寿险公司。此外，1996—2000年成立了其他合资公司，如欧洲瑞士丰泰保险集团、法国安盛—巴黎联合保险集团、英国皇家太阳联合保险公司、中美合资保险企业——太平洋安泰人寿保险公司、中保康联人寿保险有限公司。

显而易见，中外合资保险公司的所属地区从最初的美国、日本，逐渐拓展至加拿大、瑞士、英国、法国等北美、欧洲发达国家，投资方式也从最初的独资形式，转为中—外合资或外—外合资的多样发展形式。

三是基于国家监管下推行的保险行业自律生态环境建设。1998年中国保险监督管理委员会正式成立，保险监管开始向专业化稳步发展。1995年6月，《中华人民共和国保险法》的通过，以及随后制定的《保险管理暂行规定》《保险公司管理规定》等行业法规，均标志着中国保险业进入了有法可依、依法管理阶段，也为后续持续完善保险业法律体系、强化行业监管起到至关重要的激励与约束作用。

（5）稳步发展阶段（2001年至今）

2001年12月11日，中国正式加入世界贸易组织（WTO），面临更加广阔的国际市场，我国经济发展步入新时代，这对促进保险市场稳步发展、提升国内保险机构国际竞争力具有重要现实意义。

一是中国保险公司在海外上市。自中国加入世界贸易组织后，中国保险业开启了全面开放新时代，中国各大保险公司纷纷向海外拓展业务，也开始陆续在海外上市。从2003年起，中国人保控股公司、中国人寿保险公司和中国平安保险公司相继在纽约、香港上市，为中国保险业带来了大量海外资金。

二是中国保险行业加大对外开放力度。2003年底，中国保险业对外国非寿险公司在华设立公司取消限制，向外资非寿险公司放开所有业务限制。2004年后，保险业进入全面对外开放的新时代，呈现出中国主导、外资辅助、互利共赢、和谐发展的对外开放崭新形势。截至2020年，我国总保费收付达到4.53万亿元。从市场主体规模看，外资公司约占28%，外资原保费收入的绝对额达到3524.44亿元，市场份额由2001年的1.58%上涨至7.79%。

三是保险类机构规范化发展。首先，保险销售模式逐步规范化。2008年后，出现有关保险销售模式的具体法律条文对其进行规范管理，进一步促进了保险体制改革。2010年，《关于改革完善保险营销员管理体制的意见》颁布，推动了保险机构营销团队规范管理，并积极鼓励保险机构设立专业营销公司，点线面结合全面推行产销分离模式，助力保险中介市场健康发展。2011—2020年，在原保险总保费收入中的占比均基本维持在80%以上，其中，2011年保险中介的保费收入占总保费收入的86%，为近年来最大值。

其次，资金投资范围逐渐放开。2004年，国务院放开保险资金投资范围，规定资金投入量必须确定在公司上半年末总资产的5%以内，随后资金投资范围陆续放开，可拓展至公共基础设施、商业银行股权以及境外金融资产等领域。然而，伴随保险资金投资领域的逐步放开，2015年险资举牌活动频繁，万能险也在当时得到野蛮发展。2017年险资运用遭监管"检修"，保险行业开始全面规范险资运用，再度明确险资运用范围，严格限制投资范围、比例以及境外投资等，同时明确险资运用需以服务保险业为主要目标，稳健审慎推行保险资金配置多元化健康发展。

（二）总体概览

通过对中国银行业、保险业、证券业金融机构的数量、资产规模以及经营情况等相关数据的分析，真实反映出中国金融机构发展趋势和行业现状。

1. 机构数目不断扩张

由表1-3可知，截至2020年末，中国银行类金融机构、证券公司、保险公司的数量分别为4607家、134家、235家，相较于2017年分别增加58家、3家和13家，银行业金融机构数目增幅位居金融行业第一。

表1-3　2017—2020年各类金融机构数量　　　　　　　　　单位：家

机构	2017年	2018年	2019年	2020年
银行业机构	4549	4588	4607	4607
证券公司	131	131	133	134
保险公司	222	229	235	235

资料来源：中国人民银行、中国银保监会。

2. 资产规模稳步增长

截至2020年，金融业各类机构总体运行保持稳健增长，业务规模呈现稳步增长态势（见表1-4）。

表 1-4　2020 年末金融业机构资产负债情况

项目	资产（万亿元）	同比增长（%）
金融业机构总资产	353.19	10.7
其中：银行业	319.74	10.1
证券业	10.15	25.0
保险业	23.3	13.3
金融机构负债	321.17	10.8
其中：银行业	293.11	10.2
证券业	7.51	29.3
保险业	20.55	13.6
金融机构所有者权益	32.01	9.2
其中：银行业	26.63	8.6
证券业	2.63	14.2
保险业	2.75	11.0

资料来源：中国人民银行。

一是银行业金融机构。随着我国银行业持续深化结构调整，推动经营转型，多维度协调联动，综合化金融服务能力得到有效提升，市场竞争力和客户认可度不断提升，存贷款业务规模有所扩张。截至 2020 年末，中国银行业金融机构资产总额达到 319.74 万亿元，同比增长 10.1%，增速比 2019 年末上升 2.14 个百分点；负债总额达到 293.11 万亿元（见表 1-4），同比增长 10.2%，增速比 2019 年末上升 2.7 个百分点。

二是证券业金融机构。近年来我国金融市场持续扩张，证券机构也得到较大的发展。根据中国证券业协会的官方数据，证券行业业绩保持增长，资产规模稳步提升。截至 2020 年末，中国证券业金融机构资产总额 10.15 万亿元，同比增长 25%，增速比 2019 年末上升 7.3 个百分点。

三是保险业金融机构。随着保险行业的不断发展，保险机构数量不断增加，保险资金规模稳步增长，保险业主体已然成为金融市场的重要机构投资者、服务实体经济的重要力量。截至 2020 年末，中国保险业金融机构资产总额 23.3 万亿元，同比增长 13.3%，增速比 2019 年上升 1.11 个百分点。

近年来，保险业形成更大范围、更宽领域、更深层次的全面开放新格局，外国银行保险机构在华机构数量稳步增长。根据中国银保监会的官方数据，截至 2020 年末境外保险机构在华共设立了 66 家外资保险机构、117 家代表处和 17 家保险专业中介机构，外资保险公司总资产 1.71 万亿元。

3. 经营情况保持稳定

随着我国经济持续稳定恢复，国内金融机构积极应对宏观形势变化，统筹疫情防控和经营发展，做好"六稳"工作，落实"六保"任务，服务实体经济，确保经营运行平稳、稳中有进，盈利水平保持稳定。

一是银行业金融机构。由表 1-5 可知，截至 2020 年末，银行业金融机构本外币各项存款余额 218.37 万亿元，同比增长 10.3%，增速比 2019 年末上升了 1.73 个百分点。2020 年，银行业金融机构本外币贷款余额 178.4 万亿元，同比增长 12.48%，增速比 2019 年末上升了 0.59 个百分点。2020 年，商业银行净利润为 1.94 万亿元，同比下降 2.5%，增速比 2019 年末下降了 11.24 个百分点。

表 1-5　2015—2020 年银行业金融机构经营情况　　单位：万亿元，%

项目	资产	负债	金融机构本外币存款余额	金融机构本外币贷款余额	商业银行净利润
2015 年	199.35	184.14	139.78	98.49	1.59
同比增长	15.67	15.07	19.09	13.48	—
2016 年	232.25	214.82	140.42	106.6	1.65
同比增长	16.50	16.66	0.46	8.23	3.77
2017 年	252	233	169.3	125.6	1.75
同比增长	8.50	8.46	20.57	17.82	6.06
2018 年	268.24	246.58	182.52	141.75	1.83
同比增长	6.44	5.83	7.81	12.86	4.57
2019 年	290	265.54	198.16	158.6	1.99

续表

项目	资产	负债	金融机构本外币存款余额	金融机构本外币贷款余额	商业银行净利润
同比增长	8.11	7.69	8.57	11.89	8.74
2020年	319.79	293.11	218.37	178.4	1.94
同比增长	10.27	10.38	10.3	12.48	-2.5

资料来源：中国人民银行。

二是证券业金融机构。随着资管新规和资本市场深化改革的持续推进，A股市场的投融资功能不断完善、资本市场运行的稳定性不断增强、机构投资者力量不断壮大，中国证券业金融机构的盈利能力均实现较大突破和改善，从证券公司、期货公司及基金公司业务报表的反馈看，均体现了当前证券业金融机构营收的稳步增长状态。

关于证券公司经营情况，由表1-6、表1-7可知，截至2020年末，证券公司资产总额8.90万亿元，同比增长22.50%；净资产总额2.31万亿元，同比增长14.10%；净资本总额1.82万亿元，同比增长12.35%；证券业行业营业收入总额4484.79亿元；净利润总额1575.34亿元。

表1-6　2015—2020年证券公司经营情况　　单位：万亿元，%

项目	资产总额	净资产	净资本
2015年	6.42	1.45	1.25
同比增长	56.97	57.61	83.82
2016年	5.79	1.64	1.47
同比增长	-9.81	13.10	17.60
2017年	6.14	1.85	1.58
同比增长	6.04	12.80	7.48
2018年	6.26	1.89	1.57
同比增长	1.95	2.16	-0.63
2019年	7.26	2.02	1.62
同比增长	15.97	6.88	3.18

续表

项目	资产总额	净资产	净资本
2020年	8.90	2.31	1.82
同比增长	22.50	14.10	12.35

资料来源：中国证券业协会。

表1-7　2016—2020年证券公司收入与利润　　单位：亿元

项目	2016年	2017年	2018年	2019年	2020年
营业收入	3279.94	3113.28	2662.87	3604.83	4484.79
净利润	1234.45	1129.95	666.20	1230.95	1575.34

资料来源：中国证券业协会。

关于期货公司经营情况，由表1-8可知，截至2020年末，全国共有149家期货公司，下设风险管理公司88家，分布在30个辖区。根据中国期货业协会官方数据，2020年营业收入达到34.65亿元，其中净利润为9.57亿元。

表1-8　2018—2020年期货公司经营情况　　单位：家，亿元

项目	2018年	2019年	2020年
机构数量	149	149	149
期货总资产	5400	6450	9848

资料来源：中国期货业协会。

关于基金公司经营情况，由表1-9可知，截至2020年末，共有132家基金公司，共管理公募基金规模19.85万亿元，基金管理公司及其子公司私募资产管理业务规模15.97万亿元。受股票市场好转等因素影响，总规模最大的货币市场基金资产占比已连续两年下降。

表1-9　2017—2020年基金公司经营情况　　单位：家，万亿元

项目	2017年	2018年	2019年	2020年
机构数量	113	120	128	132

续表

项目	2017 年	2018 年	2019 年	2020 年
公募基金总额	11.6	13.03	14.77	19.85

资料来源：中国投资基金协会。

三是保险业金融机构。如表 1-10 所示，截至 2020 年末，保险公司资产总额 23.30 万亿元，同比增长 13.29%；净资产总额 3.57 万亿元，同比增长 44.04%；保费收入总额 3.67 万亿元，同比下降 13.85%；赔款与给付总额 0.99 万亿元，同比下降 22.53%；资金运用余额 21.68 万亿元，同比增长 17.02%。

表 1-10　2015—2020 年保险业金融机构经营情况　　单位：万亿元,%

项目	资产	净资产	保费收入	赔款与给付	资金运用余额	投资收益率
2015 年	12.36	1.61	2.43	0.87	11.18	3.76
同比增长	21.18	21.38	21.50	20.20	19.81	-40.32
2016 年	15.12	1.72	3.1	1.05	13.39	5.66
同比增长	22.33	7.15	27.57	21.20	19.78	50.53
2017 年	16.75	1.88	3.66	1.12	14.92	5.77
同比增长	10.78	9.31	18.06	6.35	11.42	1.94
2018 年	18.33	2.02	3.8	1.23	16.41	4.33
同比增长	9.43	6.95	3.83	9.99	9.98	-24.96
2019 年	20.56	2.48	4.26	1.29	18.53	4.94
同比增长	12.17	23.09	12.11	4.85	12.92	14.09
2020 年	23.30	3.57	3.67	0.99	21.68	—
同比增长	13.29	44.04	-13.85	-22.53	17.02	—

资料来源：中国银保监会。

（三）案例介绍：中国银行

1. 中国银行的发展历程

中国银行的历史源远流长，是我国经营时间最久远的银行。该银行于1912年2月5日在北京复兴门内大街1号正式营业，直到新中国成立初期，中国银行相继执行过中央银行、国际汇兑银行和国际贸易专业银行的职能。新中国成立后，中国银行长期持续承担国家外汇银行职能，统筹监管国家外汇储备，着手国际贸易结算、侨汇等外汇业务。

1979年，中国银行经国务院批准后从中央银行中剥离而出，从此开始担任国家外汇管理总局职能。1983年9月，中国银行总管理处改为中国银行总行，至此，中国银行成为中国人民银行监管之下的国家外汇外贸专业银行。2004年，中国银行经中国政府批准整体修改、重建为中国银行股份有限公司，由国家掌权的中央汇金投资公司持有中国银行全部股权。2006年，中国银行在香港联交所和上海证券交易所相继上市，成为我国第一家同时"A+H"发行上市的商业银行。

2. 中国银行总体概况

根据中国银行官方网站最新公布的财务报告，截至2020年前三季度，集团实现净利润1559.86亿元，实现归属于母公司所有者的净利润1457.11亿元，同比分别下降8.91%和8.69%。平均总资产回报率0.88%，净资产收益率10.64%。核心一级资本充足率为10.87%，一级资本充足率为12.64%，资本充足率为15.69%。

一是利润持续向好。截至2020年9月底，集团实现利息净收入2975.05亿元，同比增加196.85亿元，增长7.09%，净息差1.81%。其中：①中国银行实现非利息收入1314.51亿元，同比减少70.62亿元，下降5.10%。非利息收入在营业收入中占比为30.64%。其中，手续费及佣金净收入720.74亿元，同比增加4.58亿元，增长0.64%。②业务及管理费1063.35亿元，同比减少 9.65 亿元，下降 0.90%，成本收入比为 24.79%。③资产减值损失 2969.03 亿元，同比增加 360.56 亿元，增长 13.82%；不良贷款总额 2114.27 亿元，不良贷款率 1.48%，比上年末上升 0.11 个百分点，不良贷款拨备覆盖率 177.46%，比上年末下降 5.40 个百分点。

二是资产负债稳定增长。截至 2020 年 9 月底，中国银行股份有限公司资产总额 247038.89 亿元，比上年末增加 19341.45 亿元，同比增长 8.49%。负债总额 225979.96 亿元，比上年末增加 18049.48 亿元，同比增长 8.68%。其中：①客户存款总额 173849.91 亿元，比上年末增加 15674.43 亿元，增长 9.91%。其中，中国内地机构人民币客户存款 127386.08 亿元，比上年末增加 9869.27 亿元，增长 8.40%。②客户贷款总额 143074.35 亿元，比上年末增加 12386.50 亿元，增长 9.48%。其中，中国内地机构人民币贷款 109775.98 亿元，比上年末增加 9123.66 亿元，增长 9.06%。③金融投资总额 53693.08 亿元，比上年末减少 1447.54 亿元，下降 2.63%。其中，人民币投资 42032.41 亿元，比上年末减少 231.43 亿元，下降 0.55%；外币投资折合 1712.26 亿美元，比上年末减少 133.56 亿美元，下降 7.24%。

二、老挝金融机构

（一）发展历程

1. 殖民地期间，金融机构垄断（19 世纪末至 1950 年）

19 世纪末，老挝沦为法国的殖民地，国内所有的信用、货币及金融类机构均服务于法国政府，没有能力独立承担金融方面的活动，金融市场被法国垄断。

2. 20 世纪中叶，金融机构的萌芽（1952—1972 年）

老挝所有银行都是私人银行，如老挝首都银行、万象银行与旺加勒银行。直到 1958 年，老挝才独立发行货币基普，成立老挝国家银行，作为政府管理货币、信用以及外汇的职能部门。1960—1972 年（美国侵略时期），老挝金融机构发展停滞。

3. 老挝银行的最初改革（1972—1982 年）

1975 年老挝人民民主共和国正式成立，原来被法国控制的全部金融系统由老挝新政府正式接管，各大金融机构实施国有化政策，全国零乱的银行业逐步被整合为统一的银行系统。1975 年，老挝建立社会主义计划经济，实行"一级银行系统"，即"老挝国家银行"，此时从中央到地方都是由国家银行执行全部银行职能。

1982 年，老挝人民革命党第三次全国代表大会明确规定了银行的业务领域范围，银行开始为增加政府建设基金发行国债，银行同时也增加了内部设备和技术推动经济发展，也实现使用信用结算新业务。金融机构的发展，不仅增加了本国货币发行量，也开始转变老挝过去极度依赖他国货币以满足国内流动性的不利局面，但是老挝银行也同样面临着企业资金周转困难、流通较差等棘手问题。

4. 改革开放以来老挝银行改革情况（1987 年至今）

（1）银行两极化阶段

1987 年 8 月，老挝正式落实经济体制改革计划，其中有关银行制度问题的修改是重要内容之一，主要修改内容为："国家银行从事发行与管理货币、信用。从省、市级剥离的银行分离出的信用交易由国有商业银行承担，解除县级的银行。"1988 年，外贸银行、新曙光银行、塞塔提腊银行合并。此时，商业银行承担外汇结算、信贷等职能，而国家银行承担更为重要的职能。

（2）中央银行法治化建设阶段

1990 年《老挝人民民主共和国国家银行法》正式颁布，该法律条例为老挝银行体制改革指明了方向，向着市场化、体制化发展路径前进。1995 年，颁布了修改后的《老挝人民民主共和国国家银行法》，提出银行业务多元化的要求。

(二) 总体概览

1. 银行业金融机构数量

截至 2019 年末,老挝共有 44 家商业银行,其中,国有银行 3 家、政策性银行 1 家、合资银行 3 家、私人银行 7 家、外国银行附属分支行 9 家、外国银行驻老挝分行 21 家。

2. 银行业资产状况

2018 年,老挝商业银行持有外国资产为 96971 亿基普,外国债务 -257987.5 亿基普,净储备为 202152.9 亿基普(包括储备 265683 亿基普与货币当局贷款 -63530.1 亿基普),政府贷款净额 61817 亿基普,国内净资产 633775.1 亿基普,存款 736728.6 亿基普,其他项目净额 -56751.2 亿基普。如表 1-11 所示,截至 2019 年 4 月,老挝商业银行资产规模最大的是国有商业银行,达 60257.99 百万基普,其次是外国商业银行分支机构,资产规模最低的为合资商业银行。

表 1-11　老挝各类银行资产情况　　　　　　单位:百万基普

项目	2014 年	2015 年	2016 年	2017 年	2018 年	2019 年 (4 月)
国有商业银行	41817.63	44644.43	49836.42	53189.52	56031.04	60257.99
合资商业银行	8127.55	9963.89	11212.98	12073.64	12305.79	2742.87
私人银行	14072.86	8088.71	20807.43	22475.25	24421.91	24351.31
外国商业银行支行	17153.16	24996.30	31300.15	34669.94	37628.58	38913.20
合计	81171.20	97693.33	113156.98	122408.35	130387.32	136265.37

资料来源:老挝央行,http://www.bol.gov.la/en/annualreports? &start=0。

3. 银行业综合体系

老挝中央银行——老挝人民民主共和国银行。

经老挝中央银行批准的商业银行共有 44 家,分别是:

国有商业银行:老挝人民外贸银行、老挝发展银行、农业促进银行。

专属类银行：政策银行。

合资银行：老越银行、老法银行、老中银行。

私人银行：联合发展银行、鹏沙旺银行、ST 银行、印支银行、老挝波永银行、老挝建设银行、日本株式会社银行。

外国银行附属分支银行：澳新银行、爱喜利达银行、国际贸易银行老挝支行、马来西亚拉昔胡申银行、华泰农民银行、西贡银行、越南工商银行、加拿大银行、西贡—河内银行。

外国银行驻老挝分行：泰国曼谷银行万象支行、泰国泰京银行万象支行、泰国艾尤迪（大城银行）万象支行、泰国军人银行万象支行、泰国暹罗商业银行万象支行、马来西亚大众银行万象支行、马来西亚大众银行万象西开区支行、马来西亚大众银行沙湾拿吉支行、泰国艾尤迪银行（大城银行）沙湾拿吉支行、越南军事商业股份银行老挝支行、中国工商银行万象支行、马来西亚大众银行巴色支行、马来西亚老挝支行、泰国联昌银行万象支行、泰国国泰世华商业银行万象支行、中国银行万象支行、越南第一银行商业银行万象支行、曼谷银行巴色支行、马来亚银行琅勃拉邦支行、澳大利亚和新西兰银行集团有限公司老挝支行、中国台湾合作银行万象支行。

当前，我国在老挝共设有 4 家银行，包括 3 个分行（中国银行万象支行、中国工商银行万象支行以及中国台湾合作银行万象支行），1 个合资银行（老中银行）。

（三）案例介绍：老中银行

2014 年 1 月 22 日，由云南省本土城市银行富滇银行与老挝外贸大众银行共同发起设立的中外合资银行——老中银行，于老挝万象正式营业。老中银行初始注册资本为 3000 亿基普（约合 3750 万美元），中方股份占比 51%，老方股份占比 49%。近年来，中老双方在包括金融在内各领域合作的飞速发展为中老合资银行的建立奠定了坚实基础，在老挝境内中国对外投资累计金额呈现快速攀升态势，其中云南约占 2/3。

未来老中银行将以"合作共赢、追求卓越"为企业行为准则,以促进老挝经济社会发展为己任,坚持守法经营,规范发展,依托老、中两国日益紧密的经贸合作;打造具有合资银行特色、体现高效服务水平的金融产品,为客户提供全面的金融服务,为股东和员工谋求利益。

三、缅甸金融机构

(一)发展历程

为了全面了解缅甸金融机构发展的历史,本节按照缅甸国家独立以来分四个阶段对缅甸金融机构发展情况进行梳理,分别是金融机构发展起步阶段(1948—1962年)、震荡阶段(1962—1988年)、改革阶段(1988—2010年)、提升阶段(2010年至今)。

1. 起步阶段(1948—1962年)

1948年1月4日,缅甸宣布脱离英联邦正式成为独立国家。但此后缅甸并未进入相对和平发展阶段,相反国内内战、争斗暴乱不断,缅甸经济发展道路十分坎坷,因此也阻碍了缅甸的金融发展。此时,缅甸金融业布局较为单一,只有银行业与保险业稍有起步。

1948年4月3日,缅甸政府接管印度储蓄银行仰光分行成立了准中央银行——缅甸联邦银行,此时的缅甸联邦银行由于没有权利履行央行全部职能,尚无本国货币的发行权,只能通过建立缅甸货币委员会并授予货币管理职能,加入英镑区继续使用"卢比"。1952年7月1日,《缅甸联邦银行法》发布,缅甸联邦银行宣布发行缅甸元,缅甸货币委员会属于缅甸联邦银行的一部分。此时缅甸国内仍未具备独立制造货币的能力,而是继续由英国承制。直到1957年,缅甸建立了自己的印钞厂,才开始独立发行本国货币。

1953年,缅甸农业银行成立。1954年,缅甸政府在全国主要省市开设近40家商业银行分行,从规模上占比较高的主要是外国银行。缅甸的保险业比银行业起步晚，起初保险仅仅作为缅甸中央银行的一个职能部门，1952年缅甸国家保险公司成立，总部位于缅甸仰光。缅甸国家保险公司受中央政府投资与控制，具备国有性质，其保险业务既有包括寿险基金、普通基金和一般储备基金等巨额基金支撑，自身具备充足的保障能力，同时又兼备政府支持作为强大后盾，使其在面临巨额赔偿时也有能力承担全部偿付责任，因此缅甸国家保险公司又被称为"不会被清算的保险公司"。

2. 震荡阶段（1962—1988年）

1962年，缅甸政府将"缅甸联邦"更名为"缅甸联邦社会主义共和国"，并且确立了"缅甸社会主义纲领党"。次年，缅甸政府对外宣布正式进入社会主义新时期，缅甸对内开始落实计划经济建设，之后缅甸政府出台了各类闭关锁国的经济政策，致使缅甸金融业遭受巨大打击。

1964年，缅甸政府取消了本国私有银行体系，将全国私人银行收归国有，此后形成了缅甸联邦银行一家垄断的金融格局。1967年，缅甸相继成立了两家国有银行——缅甸经济银行和缅甸外贸银行。同时，在此期间，奈温政府曾在1965年、1985年与1986年相继三次废除面值为50与100、25、35与75的货币，此番废除面值的行为使缅甸民众萌发了对缅甸货币的不信任，缅甸金融业的发展一度陷入僵局。1987年末，联合国将缅甸列入了全球最落后的国家。

3. 改革阶段（1988—2010年）

1988年7月，缅甸经济全面恶化，爆发全国性民众游行示威。1989年，缅甸新政府上台后，正式颁布《国营企业法》，对外宣布废除缅甸计划经济体制改革，转而执行市场经济体制改革，市场在资源配置中将起决定性作用，缅甸也开始实行对外开放。此后，缅甸政府进行货币制度改革，缅甸私人银行与外国银行开始活跃在国内金融市场中。随后的20年间，缅甸金融行业的发展步入正轨。

（1）缅甸中央银行正式成立并开始发行外汇券

1990年7月，缅甸颁布《缅甸中央银行法》，缅甸中央银行取代缅甸联邦人民银行依法成立，并于1992年设立外汇管理部门。1993年，缅甸中央银行开始发行外汇券，并在国家批准的国有银行开设外汇账户，但限制缅甸民众持有的外汇规模。

（2）缅甸放开私人银行和外资银行业务领域

1988年《缅甸联邦外国投资法》颁布，该法案允许外资银行在缅甸境内设立分行和办事处。此后缅甸中央银行连续三次放松了对外资银行的限制：第一次允许外资银行在缅甸经济特区设立分行；第二次允许外资银行与缅甸银行进行金融合作；第三次允许外资银行直接向缅甸国内企业提供零售类的金融服务，下一步缅甸央行还计划向外资银行下放经营零售银行业务的权力，进一步放宽对外资银行的限制，扩大外资银行业务范围。1993—2000年，缅甸境内共有50家外资银行代表处。然而，由于亚洲金融危机爆发，导致缅甸境内外资银行数大幅下降，减少了12家，直到2010年，缅甸境内外资银行仅剩13家。

（3）2001年缅甸银行监管部门成立，缅甸银行业监管进一步完善

（4）缅甸银行业迎来电子化时代

2004年缅甸开始引入环球银行金融电信协会系统，2007年缅甸开始建立银行间网络和报告系统，到2008年缅甸央行、国有银行、国内外私人银行和外资银行已经基本实施银行网络化，银行网成员之间可以通过网上系统传递与银行交易有关的官方信函和账目，缅甸中央银行也可以通过网上系统监控银行间电子资金活动，以确保国内银行的稳定运行。2010年缅甸支付系统更新委员会成立。

（5）保险业和证券业得到初步发展

1989年缅甸政府颁布《国有经济企业法》，该法规的出台帮助缅甸政府垄断了国内保险行业。然而，缅甸的《保险商业法》《保险商业条例》在1996年、1997年陆续出台，缅甸民间资本开始参与国内保险业务。1996年，

缅甸保险业监督委员会正式成立，同时缅甸保险业开始降低对私人资本的限制，民间资本逐步走进保险业。

1993年缅甸证券业开始发展起来。1993—2010年，缅甸财政部陆续委托缅甸央行发行2年期、3年期、5年期的国库券，分别以1万缅甸元、10万缅甸元、100万缅甸元、1000万缅甸元面值发行，由缅甸证券交易中心与缅甸经济银行承销，同时国库券可以再转让销售，但缅甸民众个人还未被允许参与股票交易。

1996年缅甸国内唯一的证券交易中心成立，缅甸证券市场正式启动，这是缅甸国内唯一的股票交易所，被视为缅甸资本市场的开拓之举。2006年，缅甸第一家私营股份公司在新加坡上市。2008年缅甸成立资本市场发展委员会，负责逐步实施国内资本市场的培训、教育、咨询、准则制定等工作。

4. 提升阶段（2010年至今）

2010年10月21日，"缅甸联邦"更名为"缅甸联邦共和国"，同时编制缅甸新宪法，确定使用新的国旗和国徽。2011年2月4日，国会选出吴登盛为缅甸第一任总统，缅甸从此结束了延续几十年的军人政府统治，开启了民主改革进程。2016年3月20日，吴廷觉当选半个多世纪以来缅甸首位非军方民选总统。2018年3月28日，温敏担任缅甸现任总统。在金融业方面，缅甸出台了诸多的改革措施，推动了缅甸金融业的发展。

（1）央行被授予职能

缅甸中央银行长期直属财政部，因其带有的国有性质使其在一定程度上服务于缅甸政府的财政资金运作，缺乏充分的独立性。2013年7月，《中央银行法》正式出台，缅甸中央银行开始拥有独立制定与执行货币政策的职能与权力，可以使用货币政策工具维持与保护金融市场的稳定性。

（2）外国银行分支机构逐渐增多

吴登盛上台后，把吸引外资作为市场经济改革中的重要措施，西方国家开始逐渐解除对缅甸的经济制裁，为缅甸境内外资银行营造了良好氛围。随后,新《外国投资法》颁布,缅甸逐渐放松了对外资银行的业务限制。2014年7月,日本东京三菱、三井住友、瑞穗三家银行在缅甸设立代表处。

截至2017年,缅甸共有外国银行分支机构13家,在缅开设代表处的外国银行及其驻缅代表处49家。外资银行只能向外资企业发放外币贷款,在向缅甸企业放贷时必须联合缅甸本土银行共同办理业务。此外,在信用评级方面缅甸也正在努力突破"零"信用评级,2015年,缅甸授权渣打银行和花旗银行为其首次主权信用评级提供咨询服务。

(3)单一市场汇率改革

吴登盛上台后,缅甸外汇管理体制发生较大变化。一方面,放开管制已久的外汇经营业务,这是其近年来积极与国际社会接轨的成果。自2011年以来,缅甸中央银行已经陆续向17家私人银行办理了外汇兑换牌照。此外,随着缅甸外汇管制的放开,外汇券已没有继续使用的必要,2013年3月20日,缅甸取消实施20年的外汇券。另一方面,缅甸废除了多重汇率体制,以市场为导向建立统一汇率体制。2012年4月,采用与特别提款权(SDR)挂钩的浮动汇率制度,以市场为导向统一汇率,未来缅甸元的汇率将根据外汇兑换供需决定。

(4)保险业逐步发展

在缅甸经济体制由计划经济向市场经济转型发展的过程中,其保险业也开始在私人与外资两方面活跃起来。一方面,保险业真正对私人部门放开。2012年9月,缅甸保险业监督委员会向12家达到标准的私营保险公司发放了经营许可证,次年,这12家私营保险公司又被陆续授予保险营业牌照。2016年初,缅甸政府还提出将与私营保险公司合资成立再保险公司,以满足国内大额保险需求。目前,缅甸私营保险公司在保险市场占据半壁江山。

另一方面,随着缅甸外国企业不断地增加,缅甸国内对保险业务的需求日益增加。然而,缅甸保险市场存在资金缺乏、专业人才匮乏、经验不足等困难,未能满足保险市场需求,缅甸政府只能将希望寄托于外资企业以寻求经验支持,因此缅甸政府大力放开对外资企业的限制。目前,有3家日本外资保险公司落户迪拉瓦经济特区并开始保险业务经营，此外，在缅甸开设办事处的国外保险公司共 21 家。

（5）证券业真正起步

这一时期的缅甸证券业发生了质的飞跃，迎来了缅甸自己的证券交易时代。从 2008 年缅甸设立资本市场发展委员会到 2014 年缅甸成立证券交易委员会，缅甸对于发展证券业做出了持续的努力，至 2015 年 12 月 9 日缅甸第一个证券交易所——仰光证券交易所成立，这些努力终于转变为缅甸证券业的现实。2016 年 3 月 6 日，缅甸仰光证券交易所第一只股票交易成功，这也意味着缅甸历史上首家投资公司正式上市，首只股票的出现开启了缅甸证券交易的新篇章。截至 2018 年 3 月，缅甸仰光证券交易所已有 5 家上市公司，股票成交额达 7.8 亿美元。

（二）总体概览

缅甸自 2010 年进行金融改革以来，银行业取得了较大进展，初步形成了以中央银行为中心，以缅甸经济银行、缅甸外贸银行、缅甸投资与商业银行和缅甸农业与农村发展银行 4 家国有银行为主体，24 家私人银行与外资银行共存的银行业体系。

1. 中央银行

缅甸中央银行作为缅甸的国家银行一直隶属于缅甸财政部，其国有性质导致政策独立性严重缺乏。2013 年《中央银行法》的正式出台，开始改变这一现状，缅甸中央银行逐渐正视自身独立性，开始拥有了独立制定货币政策的权力。

缅甸中央银行行使政府的银行职能，管理国家外汇储备，作为国家经济事务顾问，督导国营、私营金融类机构稳慎有序开展业务，代表缅甸当局与其他国家以及国际机构进行业务往来，代表政府参与国际金融事务。监督金融机构，只有经过缅甸中央银行的批准同意，才可以成立国营、私营以及公私合营的金融机构等。缅甸中央银行主要通过准备金制度、利率政策和公开市场操作等货币政策工具维持缅甸金融秩序的稳定。

2. 商业银行

（1）缅甸经济银行

缅甸经济银行经过多年的发展，已成为目前实力强大的由政府控股的股份制银行，初始设有股份100万股，每股1000缅甸元，分支行众多，遍布缅甸全国各地。主要从事一般商业银行的存、放、汇等银行业务，主要的业务范围包括：受理活期和短期存款，经营储蓄存款以及发行储蓄单业务，并且发放各类贷款及退休金，对外销售商业银行汇票和承兑汇票。缅甸正计划将缅甸经济银行的国内银行业务向国际金融服务业务拓展。

（2）缅甸外贸银行

缅甸外贸银行负责经营缅甸银行业务中与外贸活动相关的一切业务。拥有政府股份的缅甸外贸银行主要业务范围包括：跨境贸易的国际清算业务以及吸收一切外汇存款。缅甸外贸银行计划今后将逐步从专业银行转变为普通商业银行，首要的就是受理个人和公司存款及进出口贸易的金融服务。

（3）缅甸投资与商业银行

缅甸投资与商业银行成立于1989年，其主要经营业务是筹集资金，是一家本外币兼营的政府持股的股份制银行，股份设有100万股，每股1000缅甸元。缅甸投资与商业银行主要为发展私营经济提供必要的国内外银行业务服务，促进国内私人经济的发展，贷款对象主要是私营企业主，近年来业务发展迅速，业务量也节节攀升。

（4）缅甸农业与农村发展银行

缅甸农业与农村发展银行成立于1990年，是一家由政府投资的专业银行，已经形成全国性网络，其在国内已有14个省邦级银行、164个支行和48个办事处。其主要职责就是服务于缅甸国内农牧业大发展以及地方经济社会的进步，每年向农民发放年度、短期和长期贷款，向所有农民提供储蓄以及贷款服务业务，主要以促进缅甸农业、畜牧业、渔业等农村经济发展为目标，为各种农业生产提供贷款，对推进缅甸农村经济发展发挥了重要作用。

3. 私人银行

1992年起缅甸重新批准允许设立私人银行，由大型商业集团控制，主要是为其相关商业活动提供信贷。私人银行由于存款较低而面临流动性约束，严格的流动性限制导致了2003年银行危机的爆发。

此后，缅甸私人银行的信誉大打折扣，缅甸对于私人银行的进入与管制加大，目前缅甸私人银行仅有24家，且发展较为缓慢，规模较小。鉴于受到流动性约束的影响，私人银行的贷款减少，主要集中在抵押贷款，其他方面的贷款均被限制。贷款决策和质量也受到缺乏信贷评级机构贷款评级的阻碍。

4. 外资银行

缅甸允许外资在缅甸建立外资银行以及外国银行办理处，现有43家外资银行在缅甸设立代表处，大多数都是亚洲其他国家的银行。13家外资银行在缅甸设立分行，包括澳大利亚南澳新银行、泰国盘谷银行、日本三菱东京日联银行、日本三井住友银行、日本瑞穗银行、中国工商银行、马来西亚银行、新加坡华侨银行、新加坡大华银行、越南投资与开发银行、中国台湾玉山银行、韩国新韩银行以及印度国家银行。

根据缅甸央行规定，外资银行至少需要7500万美元注册资本，至少缴纳4000万美元保证金。2014年10月，缅甸中央银行同意向来自亚洲太平洋地区的9家外资银行授予有限的业务运营执照。这些外资银行可以向外国公司和国内银行提供批发金融业务（提供外币贷款和本币贷款），但是对于零售业务和直接贷款则受到严格限制。外资银行仅限于开设一家分支机构，分支机构的开设必须在一年内完成。

5. 非银行金融机构

（1）证券公司

1996年，缅甸第一家证券交易中心成立；2006年，缅甸第一家私营股份制公司在新加坡上市；2015年12月9日，在日本的协助下缅甸第一个证券交易所——仰光证券交易所成立，仰光证券交易所的投资商是仰光证券交易合资公司，该公司51%的股份来自缅甸经济银行，30.25%来自日本大和证券，18.75%来自日本交易所；2016年3月25日，缅甸仰光证券交易所正式开盘交易，缅甸第一投资公司成为首家上市公司，结束了缅甸国内没有证券交易的历史。

（2）保险公司

1952年成立的缅甸保险公司，是缅甸国内唯一的国营保险机构。其任务主要是为保护投保者与国内外企业主的社会及经济利益，提供人寿、航空、工程、石油、天然气、伤残、旅游等多险种，全国拥有34个分支机构。2017年8月，经缅甸保险行业禁毒管理委员会批准，缅甸保险公司经营四种新保险业务，即人身意外险、海洋船舶险、旅游险以及农民人寿险。

私营保险公司最近几年开始被批准经营业务，私营保险公司目前仅经营12种保险业务，发展比较缓慢，规模较小。如今，外国保险公司在缅甸经营还未被缅甸批准，不过已经有来自日本、美国的保险公司在缅甸国内建立办事处。

（三）案例介绍：缅甸KBZ（甘波萨）银行

KBZ集团公司［Kanbawza（KBZ）Group of Companies］成立于1994年，到目前为止拥有80000多名员工。集团实行多元化经营，产业遍布矿产、银行、航空、保险、制造、农业、房地产、贸易、医疗保健、旅游及医院等行业。KBZ银行［Kanbawza Bank（KBZ Bank）Limited］总部位于缅甸仰光，是首家获准成立新加坡代表处的缅甸银行，2015年被缅甸安全交易委员会选定为仰光证券交易所的结算银行。

KBZ银行是缅甸最大的私人银行，占整个缅甸银行业市场份额的35%，在缅甸国内设有350个分行及400个网点。2015年KBZ银行被欧洲货币集团授予缅甸最佳银行。当前，在缅甸全国范围内已经挂牌欧元、美元、日元及新加坡元，在缅泰边境地区试点经营泰铢。

2021年2月，KBZ银行成为首批25家本地公司之一，与MCCB及其他跨国公司和缅甸企业开展合作。2021年9月，在华为全联接2021大会上，华为宣布其和当地最大的KBZ银行联合运营，基于公有云打造全新支付钱包KBZ-Pay，集成丰富营销工具，为用户/商户提供数字化体验，获客、活客，在短短两年半时间发展了800万注册用户，成为缅甸市场数字生活支付第一品牌。

四、越南金融机构

（一）发展历程

从1954年越南民主共和国成立起，越南银行体系从无到有，随着越南经济的发展，其银行体系也不断完善和发展。目前，央行、国有商行、股份制商行、政策性银行、合资银行以及外国独资银行六大银行构成了越南的银行体系。

1986年，越南开始推行经济体制改革，为了积极推进计划经济体制向市场经济体制的转变，越南银行业改革集中在放权于建立私有化金融业务方面。从1988年开始，越南银行体系改革及发展渐入正轨。

1. 越南金融机构改革发展

1990年，《越南国家银行法》的出台，标志着越南国家银行彻底将经营职能从自身剥离。随后依次成立了越南工商银行、越南农业农村发展银行、越南外贸银行、越南投资与发展银行4家商业银行，不同银行承担不同职责。新成立的国有商业银行将严格按照市场化运作、企业化模式、自负盈亏运转的经营模式运行。

同时，越南政府允许建立投资、外资银行。为深化金融改革、加快构建金融体系，越南政府开始探索性地建设合资、合股银行以及财务公司，限制性地开放国内金融市场，允许合格的境外外资银行在越南下设分行及代表处。

2013年12月26日，越南正式拥有中央银行，越南国家银行作为部级机关单位，除了具有中央银行职能，还具有通胀指标制定、预防和打击洗钱、外汇买卖及黄金管理等职能。

2. 越南外资银行发展

1990年越南开始对外开放银行业，但是在2004年以前，仅仅存在小部分合资银行设置分支机构和设立代表处，外资银行的发展非常有限。2006年，为贯彻实施越美双边贸易协议，越南特意发布了有关外资合资银行的法规。该规定要求外资独资银行的总资产规模必须高于200亿美元，且境外总部银行持有的股权必须高于50%。同时，该规定降低了对外资银行在越南设立分支机构、对合资银行投资入股以及扩展银行业务的限制。

2007年越南加入WTO必须满足的条件之一：任意国家投资者均可在越设立外资独资银行。此外，越南国有银行可以参与国际金融市场并向国外金融机构学习，一定程度上提高了越南本土银行的管理能力和资本运营效率。

2008年以后，各种外资银行逐渐进入越南金融市场，丰富了越南金融体系。根据越南中央银行官网，截至2019年6月30日，越南已有9家外资独资银行，并且许多外资独资银行出现在了越南全国范围。外资独资银行在越南已经有了稳固、上升的经营环境。

3. 越南国有商业银行竞争力提高

随着越南对外金融开放，很多相对先进的外国投资者进入越南金融业，越南国有商业银行的竞争压力增大，越南政府意识到提高本土银行竞争力的必要性，其所采取的措施如下：

一是国有商行实现部分私有化。为实现在2010年全面落实国有持股比例低于51%的金融改革目标之一，2007年越南对单个外商投资持股比例由10%的上限提高到15%，并同时赋予越南国家银行相应权利，特别是单个外商投资者持股比例达到20%。同年12月，越南最大的国有银行——越南外贸银行，IPO发售6.5%的股份，从而实现部分私有化，外商投资者有望首次进入越南国有银行。

二是打造强大的商业银行资本规模。2006年11月,越南政府发布第141号决议,规定对任意商业银行最小规模限制由330万美元提高到1.34亿美元。如果至2010年12月31日仍然没有达到最低资本规模,将会被强制兼并或者吊销营业执照。但囿于执行效果不理想、众多银行不达标,越南政府只能采取更为审慎和延缓的方式。

(二) 总体概览

1. 越南银行业金融机构

一是中央银行:越南国家银行(SBV)。

网址:https://www.sbv.gov.vn/。

地址:越南首都河内市。

二是商业银行:其中,国有商业银行4家、股份制商业银行31家、外资独资银行9家,合计44家商业银行。

国有商业银行分别是:越南农业和农村发展银行、全球石油商业银行、海洋商业银行、越南建设银行。

股份制商业银行分别是:越南工商股份制商业银行、越南外贸股份商业银行(VCB)、亚洲商业股份银行(ACB)、安平商业股份银行(ABB)、越南保险股份商业银行、本越股份商业银行、BAC商业股份银行、越南联越邮政商业股份银行(LPB)、越南广众银行(PVcomBank)、东亚银行、东南亚商业股份银行、海事股份商业银行(MSB)、Kien Long股份制商业银行(KLB)、越南科技商业股份银行(TECHCOMBAN)、越南南亚股份商业银行(NAM A BANK)、越南东方商业股份银行(OCB)、军队股份商业银行(MBB)、越南国际商贸股份银行(VIB)、越南国民银行NCB、西贡银行(SCB)、西贡工商银行(SGB)、越南西贡河内银行(SHB)、西贡商业银行(Sacombank)、越南先锋银行(TPB)、越亚银行(VIETA Bank)、越南兴旺商业股份银行

(VPBank)、越南 Thuong Tin 商业股份银行、越南银行、越南石油股份银行（PGBank）、越南进出口商业股份银行（eximbank）、胡志明市发展股份商业银行（HDBank）。

外资独资银行分别是：澳大利亚联邦银行越南分行（ANZVL）、丰隆越南银行有限责任公司（HLBVN）、汇丰银行（越南）有限公司、新韩银行越南有限公司（SHBVN）、渣打银行（越南）有限公司（SCBVL）、越南大众银行、联昌国际银行（越南）有限公司（CIBM Việt Nam）、越南友利银行有限公司（Woori Bank Vietnam）、联合海外银行（越南）有限公司—大华银行越南分公司。越南部分金融机构的信息如表 1-12 所示。

表 1-12　越南部分金融机构信息统计　　　　单位：百万越南盾

序号	银行	地址	资产（2020年6月）	注册资本	网址	存贷（上存下贷）（2020年6月）
1	越南农业和农村发展银行（Agribank）	河内市巴亭郡清丛琅河2号	139811	30496.1	http://www.agribank.com.vn/	
2	越南外贸股份商业银行（VCB）	河内还剑郡陈光凯198号	1185871.662	37088.8	https://portal.vietcombank.com.vn/	1027810.14
						753793.627
3	亚洲商业股份银行（ACB）	胡志明市第三区阮氏明开442号	396760.42	12885.9	http://acb.com.vn/	331892.206
						280332.335
4	越南联越邮政商业股份银行（LPB）	河内市还剑区陈广开街210号泰丰大厦	213729.207	8881.4	https://www.lienvietpostbank.com.vn/	165781.848
						151196.139
5	Kien Long 股份制商业银行（KLB）	坚江省迪石市范洪泰40-42-44	55416.420	3237	https://kienlongbank.com/	49011.767
						33771.875
6	军队股份商业银行（MBB）	21CátLinh, Đống Đa, Hà Nội	421635.683	21604.5	https://mbbank.com.vn/	298162.102
						256727.181

续表

序号	银行	地址	资产 (2020年6月)	注册资本	网址	存贷 (上存下贷) (2020年6月)
7	越南国际商贸股份银行（VIB）	香港中环第一区巴斯德111A号帆船塔	202369.814	7834.7	https://vib.com.vn/	147247.340 136196.198
8	越南先锋银行（TPB）	河内市还剑郡陈兴道区黎栋桥57号	181339.877	8565.9	https://tpb.vn/	128195.014 98596.694
9	越南兴旺商业股份银行（VP-Bank）	河内洞大琅哈89号	399473.210	25299.7	https://www.vpbank.com.vn/ca-nhan	238090.830 265496.893

注：除越南农业和农村发展银行以外均为上市商业银行。

资料来源：英为财情。

三是政策性银行：越南社会政策银行、越南发展银行。

四是合作银行：越南合作银行（前身为中央人民信贷基金会）。

2. 越南非银行业金融机构

金融公司：邮电通信有限公司、社区财务有限公司（前身为：海运银行财务有限公司）、EVN金融股份公司（上市公司，见表1-13）、残疾人金融股份公司、科技商业金融有限公司（原名：越南化工金融股份有限公司）、未来资产金融（越南）有限公司、盈富银行财务有限公司（原名：越南国家煤矿业金融公司）、HD Saison 金融公司、捷信越南财务有限公司（原名：PPF越南）、新韩越南财务有限公司（新韩财务）（原名：保德信越南财务有限公司）、JACCS 国际越南财务有限公司、越南造船金融有限公司、丰田金融服务越南有限公司、上海银行财务有限公司、越南信贷金融股份公司（前身为：水泥金融股份有限公司）、MBShinsei 金融有限责任公司。

表 1-13 越南上市金融公司情况　　　　　单位：百万越南盾

银行名称	地址	资产（2020年6月）	注册资本	网址	存贷（上存下贷）（2020年6月）
EVN 金融股份公司	河内市巴丁区 cua Bacs 街 11 号 EVN 大厦 B 座 14、15、16 层	23695.497	2500	http://evnfc.vn/	9922.556
					10053.803

资料来源：英为财情。

租赁公司：越南造船融资租赁有限责任公司、韩国进出口银行越南租赁公司、亚洲商业银行租赁有限责任公司、越南工商银行租赁有限责任公司、上海富商租赁有限责任公司、农业银行第一租赁公司、上海银行租赁有限责任公司、越南国际租赁有限责任公司、顺风国际租赁有限责任公司、海美信托租赁有限责任公司。

小额信贷机构：M7 小额金融机构有限公司、一人有限责任小额金融学院（TYM）、Thanh Hoa 小额金融机构、贫困微型金融机构的就业资本援助有限责任公司。

3. 中资银行在越机构

截至 2019 年 6 月底，中资金融机构在越南开设分支或代表处，主要有中国工商银行、中国农业银行、中国银行、中国建设银行、交通银行、上海商业储蓄银行等 6 家。中资银行在越机构情况如表 1-14 所示。

表 1-14 中资银行在越机构情况　　　　　单位：百万越南盾

银行名称	当地机构	注册资本	许可证日期	地址
中国工商银行	中国工商银行河内分行	897.1	2009 年 12 月	河内市巴亭金马路 360 号大宇大厦 1 层 0105-0106 室和 3 层 0307-0311 室
中国农业银行	中国农业银行河内代表处	1138.5	2017 年 12 月	河内市东大区朗栋区 Nguyen Chi Thanh 街 54A TNR 栋 9 层 901-907 室

续表

银行名称	当地机构	注册资本	许可证日期	地址
中国银行	中国银行胡志明市分行	3744.9	2016年9月	香港华人文化中心第一郡阮惠街22-36号，时代广场地下及11楼，同科街57-69楼
中国建设银行	中国建设银行胡志明市分行	1248.3	2009年12月	HCMC区1区Ben Nghe区巴斯德111A帆船塔11层1105-1106室
交通银行	交通银行胡志明市分行	984.5	2010年10月	华昌1区乐清顿72号维康中心17楼
上海商业储蓄银行	上海商业储蓄银行有限公司—东奈分行	1296.9	2010年9月	东奈省边化市安平区边化工业区1路1号索纳德兹大厦11楼

资料来源：越南中央银行网站，Foreign Banks' Branches In Vietnam（By June 30, 2019）。

4. 金融机构资产及增长

目前，越南金融机构主要分为国有银行、政策性银行、股份制商业银行、合资银行、合作银行、外资银行、信贷基金、融资租赁公司等，各类机构的总资产、注册资本、存贷比等情况如表1-15所示。

表1-15　越南金融机构2020年3月止总资产及增长率情况汇总

分类	总资产（2020年3月）		注册资本		短期资金用于中长期贷款的比例（%）	存贷比（%）
	金额（VND billion）	增长率（%）	金额（VND billion）	增长率（%）		
（1）	（2）	（3）	（4）	（5）	（6）	（7）
国有银行	5266.343	-3.19	155.153	0.00	28.92	83.29
政策性银行	218.423	2.42	17.288	0.00		
股份制商业银行	5242.231	0.57	286.229	0.54	28.70	72.79
合资银行、外资银行、外国银行分支机构	1383.691	3.31	123.123	3.42		38.16
融资租赁公司	205.239	-0.01	27.780	4.28	34.45	
合作银行	35.538	-0.51	3.028	0.00	19.62	57.90

续表

分类	总资产（2020年3月）		注册资本		短期资金用于中长期贷款的比例（%）	存贷比（%）
	金额（VND billion）	增长率（%）	金额（VND billion）	增长率（%）		
(1)	(2)	(3)	(4)	(5)	(6)	(7)
信贷基金	131.447	3.91	4.872	3.37		
合计	12482.912	-0.71	617.473	1.13	25.52	73.81

注：1. 国有商业银行包括越南农业和农村发展银行、越南工贸合资商业银行（Vietinbank）、越南外贸合资商业银行（Vietcombank）、越南投资和发展合资商业银行、越南建设银行、全球石油商业银行、海洋商业银行。2. 第（6）、第（7）栏不包括越南社会政策银行（不受报告约束）和人民信贷基金；"总资产"是根据49/2014/TT-NHNN号通告计算的。3. 用于中长期贷款的短期资金比例，合资银行、100%外资银行、外资银行分支机构因未将短期资金用于中长期贷款而无法提供。贷存比按22/2019/TT-NHNN号通告计算。

资料来源：2020年3月信贷机构及外资银行分支机构统计报告（不含小额信贷机构）。

（三）案例介绍：越南外贸股份商业银行

越南外贸股份商业银行成立于1963年，是一家国有商业银行，是越南最负盛名的外贸商业银行，也是越南第一家经营外汇业务的商业银行。它是继越南农业和农村发展银行（Agribank）、越南投资发展银行（BIDV）后越南第三大银行；按总资产计算则是继BIDV后，越南第二大商业股份银行。

2019年3月《亚洲银行家》杂志公布亚太地区前30强银行名单。越南外贸股份商业银行（Vietcombank）是越南唯一一家跻身于亚太地区前30强的银行。截至2018年，该行总资产达到1000万亿越南盾，年利润领先于其他银行，达到近18.4万亿越南盾，同比增长63.5%。越南外贸股份商业银行是越南第一家将坏账率降至1%以下的大行。

根据"品牌金融"（Brand Finance）公布的2021年度"全球银行品牌价值500强排行榜"，越南各家银行凭23%的品牌价值增速，有9家银行入围2021年度"全球银行品牌价值500强排行榜"。其中越南外贸股份商业银行排名第2。

五、泰国金融机构

（一）发展历程

1. 第一阶段："春风得意"

1988—1995 年是泰国经济有史以来最为繁荣的时期，其 GDP 年增长率高达 10.4%，是世界上经济增长率最高的国家之一，年平均物价上涨 5.3%，出口平均增长率为 28%，泰国中央银行利用出口导向政策获得大量外汇储备。

自 1984 年泰国实施盯住一篮子货币（其中美元占 80%~82%）政策以来，随着美元对主要货币的持续贬值，泰铢也随美元一起贬值。泰国制造业因此占据优势，出口行业的快速发展极大地刺激了泰国经济增长。1986—1994 年，泰国制造业的年出口增长率达到 30%，制造业的总出口占比由 1986 年的 36% 上升至 1994 的 81%，制造业总产值占 GDP 比重从 1986 年的 22% 增加至 1994 年的 29%。1995 年，泰国人均收入超过 2500 美元，世界银行将之列入中等收入国家。

受自由主义的影响，该时期泰国积极推进自由市场经济。1990 年 4 月，泰国正式接受国际货币基金组织协定的有关义务，取消了经常项目国际支付限制。次年即开始减少资本项目交易的外汇管制，尤其是 1993 年，泰国在资本项目做出重要举措：一是开放本国离岸金融业务，为非泰国居民提供金融业务，同时推出了曼谷国际金融安排（Bangkok International Banking Facilities，BIBF）。此安排显示，泰国持牌的 15 家本土商业银行和 35 家外国商业银行可以从国外吸收存款和借款。二是非泰国居民被准许在本国商业银行开户，进行存款、借款及自由兑换泰铢行为。

2. 第二阶段："疾风骤雨"

1993—1996 年，泰国房地产价格上涨近 400%，SET 指数冲到 1410.33，为历史高位。此后，房地产和股市转入下跌，给银行资产带来了巨大的压力。

据统计，1995年，泰国金融类机构的存、贷款利率高达12%、13.75%，不仅位居亚洲存贷款利率榜首，且远远超过了国际平均水平，高利率政策给泰国带来了严重后果：泰国投资与消费水平出现大幅下滑，国内经济急剧衰退，商业银行的不良资产加剧恶化，资产质量承受较大压力。截至1996年6月，泰国的商业银行不良资产规模已经飙升至1.78兆亿泰铢，不良资产率高达35.8%，商业银行信用风险不容忽视。

1996年底，泰国外债规模高达930亿美元，相当于本国GDP的50%，其中短期外债占外债总额的60%，远远高于国际惯例25%。脆弱的金融体系、长期的逆差和高昂的通胀引起了国际资本的注意，1997年国际投机资本开始向泰铢发起攻击。

1997年初，国际投机资本开始向泰铢发起连续攻击，为了稳定汇率，泰国央行进行了直接或间接的大规模外汇市场干预，然而结果却适得其反，外汇市场出现明显反弹，泰铢汇率贬值恐慌进一步加剧，最终又贬值5%。1997年3月，国际投机资本在现汇市场上再次大量抛售泰铢，泰国中央银行动用20亿美元外储干预，平息市场动荡。

1997年5月，国际投机资本在即期和远期市场抛售泰铢，导致泰铢的即期汇率迅速走低，多次跌破泰国央行设定的浮动底线，外汇市场出现集体恐慌性抛售泰铢、买进美元，泰国央行只能再次通过50亿美元的国家外汇储备进行外汇市场干预，离岸泰铢拆借利率因此被拔升了100倍，同时泰国央行明令禁止泰国金融机构对外借出泰铢，借此来打击泰铢空头。

1997年7月，泰国政府最终被迫公开宣布放弃与美元长期挂钩的汇率制度，转而实行有管理的浮动汇率制度。自此，泰国政府可以通过有限的干预，引导市场汇率趋向利于本国利益的方向变动。制度取消当天，泰铢兑美元的汇率为32.6∶1，贬值幅度高达30%以上，同时泰国宣布将利率从10.5%提高到12.5%，东南亚金融危机就此爆发。

在泰铢急剧贬值的情况下，印度尼西亚盾、马来西亚林吉特、菲律宾比索陆续成为国际金融炒家恶性投资的攻击对象。泰国金融危机迅速波及整个东南亚地区,金融危机期间泰国损失财富达 1412 亿美元,而泰国 1997 年的 GDP 只有 1136.76 亿美元,这次危机给泰国经济社会造成了严重冲击。

3. 第三阶段:"雨过天晴"

泰国金融体系自 1940 年建立至 1997 年前,已初步建立了相对完整的现代化金融体系,形成以下三点特征:一是金融系统中商业银行与金融公司占据主导地位;二是银行系统受政府严格保护,少数几家大型银行垄断地位明显;三是银行系统受控于政府。

上述特征的产生归因于泰国复杂的社会背景及历史条件,这种金融体制一方面对泰国经济的发展起着重要的积极作用,另一方面也给泰国经济带来了一定程度的消极影响,例如过度银行化、银行垄断等。为了解决金融体制对国民经济产生的不利影响,泰国政府采取了金融业合并重组措施,通过剥离银行的不良资产、放松外资银行的持股比限制、减少对金融业的干预等,来提高泰国银行竞争力、减少银行内部矛盾。

4. 第四阶段:"稳步发展"

1998 年后,泰国采取诸多措施加快金融体制改革,大概可分两个阶段:第一阶段为 1998—2001 年,泰国金融机构出现大规模合并重组;第二阶段是 2002 年后,金融体制改革的主要目标是强化对泰国金融部门的监督与管理,建立一套完善的风险防控长效机制。2008 年后,泰国的金融体制改革初步完成,泰国金融体系明显强化,金融稳定水平持续提高。

近年来,泰国政府大力鼓励本土银行机构和金融科技公司进行深入合作,同时积极推动金融监管部门与科技公司合作,用科技优化银行业务、银行监管,着力破除金融科技的发展阻碍。根据世界银行的官方数据,2018—2019 年,泰国金融科技公司注册量高达 140 家,其中一半为新公司。

(二)总体概览

泰国金融业十分活跃,已经形成了以中央银行为主导、商业性金融机构为主体、政策性金融机构为辅的金融体系。泰国金融机构门类很多，有国家银行、商业银行、金融公司、证券交易所、保险公司等。这些金融机构是根据国家经济的需要而成立的。

1. 泰国金融机构概览

泰国中央银行。泰国中央银行正式成立于1942年10月，设于曼谷，其主要职能为发行货币、制定与实施货币政策、管理公债汇兑以及国库。泰国中央银行与政府关系密切，其理事会必须按照政府的意愿行事，支持政府某些开发计划，有时也对政府提供长期贷款。

泰国商业银行。泰国商业银行历史悠久，其资金来源于各类存款、同业借款以及大额存单；其资金运用为贷款、贴现以及透支等。融资核心是满足国内贸易与制造业的市场需求。除商业银行外，商业性金融机构还有金融债券公司、生命保险公司、保险公司等。

泰国政策性金融机构。泰国政策性金融机构主要包括农业合作社银行、政府住房银行以及泰国工业金融公司。泰国长期未成立经济开发与进出口银行，再加之泰国商业银行的主要经营业务是短期放款，导致泰国经济发展中长期资金供给匮乏，尤其是出口加工行业。

农业和农业合作社银行。泰国农业和农业合作社银行属于一家政府金融机构，由泰国财政部直接授权管理。在泰国农业从传统的稻米产业向农业结构多样化过渡期内，为配合本国农业发展的积极落实，农业和农业合作社银行随之成立，以满足此时期对资金的巨大需求。

政府住房银行。政府住房银行是按照《政府住房银行条例》于1953年建立的，目的是为居民购买住房提供资助，与国家住房管理局共同努力进行住房开发，以解决住房问题。该行由政府全资所有，归属财政管理。该行资金来源渠道有存款、借款和发行债券等。该行吸收四种类型存款，即活期存款、储蓄存款、定期存款和固定住房存款。其中，活期存款最为重要，占总额的73.8%。资金运用主要是贷款和投资，也有其他形式的运用。贷款是该行资金运用的最主要形式，80%的资金用于贷款，主要有透支贷款、个人贷款、住房项目贷款等。该行曾经具有开发银行的职能，如购买和开发建房用地并以分期付款的方式转售给客户；与政府储蓄银行联合兴建住房，然后转售给个人，1973年后，这些职能交给了国家住房管理局。

泰国工业金融公司。该公司建立于1959年，是为了"促进工业发展，开辟泰国的资本市场"而成立的。作为重要的金融机构，泰国工业金融公司对泰国工业进步起着重要推动作用。由于不接受存款，其主要资金来源是借款，包括国内借款和国外借款，而又以后者为主。资金运用主要有中长期贷款和股权投资等，发放中长期贷款是其主要资金运用方式。该公司的中长期贷款重点支持工业发展中经济和技术上可行的开发项目，通常每笔贷款不少于100万泰铢，对某一项贷款最高不超过该公司股权资本额的25%。贷款期限平均7~8年，有些达15年。放款利率是由筹资成本加适当利差，以弥补管理费用支出。

小企业金融局。小企业金融局建设于1964年3月，隶属泰国工业部监管，其职能是向亟须发展的小工业提供具有照顾性质的优惠贷款与技术支持，小企业金融局融资条件是：①资本或固定资本不超过5万泰铢；②不能从泰国工业金融公司获得资助的工商企业。

目前，泰国拥有16家商业银行、14家外资银行、94家金融公司、11家证券公司、25家信用公司及其他专业金融机构，如政府的储蓄银行、农业合作银行、住宅银行、工业金融银行、小型工业金融公司，以及732家储蓄合作社等。其中商业银行与金融公司居重要地位。

2. 泰国十大银行概览

盘谷银行。盘谷银行（Bangkok Bank）是泰国顶级银行，成立于1999年，在13个国家设有26个国际办事处。盘谷银行是一家上市公司，是泰国证券交易所交易的五大公司之一，通过1238家分行开展业务。

泰华农民银行。泰华农民银行（Kasikornbank）成立于1945年。按照总资产、贷款和存款衡量，它是泰国最大的银行之一。该行提供一系列金融产品和服务，包括消费者、商业和企业银行业务。泰华农民银行是泰国第一家提供信用卡服务的银行，也是世界上第一家将手机作为安全支付系统的银行。在泰国当地有 1054 个分支机构和其他国家的 5 个办事处。

暹罗商业银行。暹罗商业银行（Siam Commercial Bank）于 1907 年根据泰国皇家宪章成立，是泰国第一家国内银行。它于 1976 年在泰国证券交易所上市。1983 年，它是泰国第一家引入自动柜员机的银行。暹罗商业银行总部位于泰国曼谷，提供各种银行产品和服务，包括保险、房地产和租赁。

泰京银行。泰京银行（Krung Thai Bank）提供商业银行服务。它于 1966 年由两家政府控股的银行——Kaset Bank 和 Monton Bank 合并而来。泰京银行是第一家在泰国证券交易所上市的国有企业，主要股东是泰国财政部。它拥有 1210 家分支机构，是泰国分支机构最多的银行。

泰国军人银行。泰国军人银行（TMB Bank）于 1957 年创立，旨在提供金融解决方案。1973 年泰国军人银行成为一家商业银行，为公众提供银行产品和服务。泰国军人银行在 2015 年被认定为亚太地区最佳管理银行，也是第一家获此殊荣的泰国银行。

大城银行。大城银行（Bank of Ayudhya）成立于 1945 年，是泰国资产和存款方面最大的银行之一。它通过 657 个本地分支机构、3 个国际办事处和 5311 台自动柜员机来提供一系列银行服务，包括投资、资产管理和消费者融资。2013 年，东京三菱 UFJ 银行取代通用电气金融成为大城银行的大股东。

泰纳昌银行。泰纳昌银行（Thanachart Bank）前身为埃卡哈特金融公共有限公司，是一家金融公司。目前，作为泰国领先的汽车贷款机构，母公司是 Thanachart Capital PCL。泰纳昌银行在 2002 年开始运营，并于 2004 年获得完整的商业银行执照。加拿大丰业银行持有该行一半股份。泰纳昌银行总部位于泰国曼谷，通过 600 个当地分支机构为 400 万客户提供银行服务。

甲那金银行。甲那金银行（Kiatnakin Bank）通过三个业务部门来提供银行和存款服务。甲那金银行成立于1971年，是一家金融服务公司。它在2005年获得商业银行执照。目前，甲那金银行在泰国设有66个分支机构。

联昌国际银行。联昌国际银行（CIMB Bank）前身为泰国银行，它是联昌国际集团子公司。按照资产衡量，它是泰国最大的银行之一。受1997年亚洲金融危机的影响，该行于1998年由14家泰国金融机构合并成立。联昌国际银行为个人和企业提供各种银行产品和服务，包括商业和消费者银行、投资、保险和伊斯兰银行业务。

渣打银行（泰国）。渣打银行（泰国）是渣打银行国际金融集团子公司，1894年开始在泰国开展业务。它为消费者和批发业银行客户提供产品和服务。渣打银行在2005年将其泰国分行与Nakornthon Bank合并，并更名为新实体渣打银行（泰国）有限公司。泰国金融企业概览如表1-16所示。

表1-16 泰国金融企业概览

	公司名称	SET会员号	排名	股票业务	全球市场	衍生品	SIPF
本土券商	AEC	38	37	√		√	√
	AIRA	48	33	√	17	√	√
	ASPS	8	15	√	24	√	√
	AWS	43	35	√		√	√
	TRINITY	22	31	√		√	√
	MERCHANT	21		√		√	√
	TISCO	2	28	√		√	√
	CGS	3	21	√		√	√
	CGS-CIMB	7	4	√		√	√
	GLOBLEX	25	27	√			√
	IVG	30	36	√		√	√
	KINGSFORD	15	6	√		√	√

续表

类别	公司名称	SET 会员号	排名	股票业务	全球市场	衍生品	SIPF
本土银行/金融集团子公司	ASL	50	29	√		√	√
	BLS	1	5	√	3	√	√
	KS	11	7	√	15	√	√
	KSS	29	30	√		√	√
	KTZ	18	19	√	24	√	√
	LHS	5	34	√		√	√
	PHATRA	6	1	√	3	√	√
	SCBS	23	9	√	10	√	√
	TNS	16	11	√		√	√
	FSS	24	3	√	9	√	√
外资券商面向个人业务	CNS	14	20	√	19	√	√
	SBITO	33	32	√		√	√
	Z	10	38	√			
	KTBST	32	23	√		√	√
	RHBS	27	25	√		√	√
	MBKET	42	2	√	28	√	√
	PST	34	26	√	8	√	√
	DBSV	4	14	√	7	√	√
	UOBKHST	26	18	√		√	√
	KGI	13	17	√		√	√
	YUANTA	19	13	√		√	√
外资仅机构业务	CLSA	45	24	仅机构业务和私人银行			
	CST	47	22	无衍生品业务			
	JPM	41	12	仅机构业务和私人银行			
	UBS	49	8	仅机构业务和私人银行			
	CS	9	10	仅机构业务和私人银行			
	MACQ	28	16	仅机构业务和私人银行			

资料来源：根据泰国央行网站整理。"√"表示开办此业务。

3. 泰国金融业指标概览

（1）泰国速动资产比率

2021年4月，泰国金融业速动资产比率为15.2%，相较于2021年3月的15.0%有所增长，2003年1月至2021年4月期间平均值为17.8%，最高值出现在2007年7月，达25.2%，最低值则出现在2008年2月，为14.1%。

（2）泰国资本充足率

2021年3月，泰国金融业资本充足率为20.04%，相较于2021年2月的19.97%有所增长，1997年1月至2021年3月平均值为15.4%，最高值为2020年11月的20.1%，最低值为1998年1月的8.2%。

（3）泰国不良贷款率

2019年12月，泰国金融业的不良贷款率为2.99%，相较于2019年9月的3.0%有所下降，1998年3月至2019年12月平均值为5.5%，最高值为1999年6月的47.4%，最低值为2014年12月的2.2%。

（三）案例介绍：资本账户过快开放的教训

20世纪70年代前，泰国与诸多发展中国家类似，实施严格的资本管控措施，1979年，泰国开始向出口导向型经济体转型。为吸引国际资本流入，泰国采取先放开资本流入管制，后进一步放开其他项目管制的资本账户开放措施。与其他国家的分阶模式不同，泰国资本账户开放整体较为激进，未有明显的阶段性特征。其资本账户开放过快引致的诸多问题，可以从资本流入、流出两方面予以阐述。

1. 放开资本流入管制

泰国1972年的《外国商法》和1977年的《投资促进法案》，率先鼓励外商投资，并对外商投资的审查要求进一步放宽。为吸引外商投资，1985—1990年泰国设立了12家基金公司，为外国投资国内市场创造了充足条件，同年泰国成功实现了经常项目开放，自此泰国资本账户开放进入新阶段。

由于经常项目开放为泰国创造了更多国际贸易机会，1990年开始，泰国资本流入限制进一步放松。1992年，智利当局批准建立曼谷国际银行贷款市场（BIBF），离岸市场的建立为境内银行作为独立个体进行外币借贷提供平台，为资本大量流入提供可能，这是泰国资本账户开放的重要进程之一。

1995年，泰国又设立省际国际银行贷款市场（PIBF），泰国两大国际银行贷款市场的建立促进了国际资本流入，但同时也为后续资本流出甚至冲击整个国内金融市场埋下隐患。

2. 放松资本流出管制

泰国对资本流出管制的放松较为缓慢，但随着泰国经常项目开放以及资本流入管制的大幅"解绑"，泰国政府对资本流出管制也从1990年开始逐步加快。放松资本流出管制在一定程度上提高了外国投资者向泰国国内金融机构发放贷款的倾向，放松资本流出管制为国内投资者大举借入外债提供政策支持。

泰国资本账户开放后，对外借贷过度增加，同时大量贷款流入股市和房地产市场形成泡沫，金融市场积聚大量风险。在国内股市和房地产泡沫破灭、外债危机凸显，国际投机资本不断攻击等多重冲击下，泰国金融危机爆发。泰国政府为稳定泰铢汇率、恢复市场信心，对外汇市场进行大量干预并几乎耗尽全部外汇储备，但泰铢贬值态势不减，最终泰国政府无奈宣布放弃固定汇率制度。

泰国资本账户开放过程无明显的阶段差别，基本采取激进的开放模式。受国际资本流入影响，国内股市、房地产泡沫涌现，最后在多重危机的冲击下全面爆发金融危机。泰国资本账户开放失败的经验教训主要有：一是合理放开资本流入、流出限制，同时必须防止资金大量流入和突然流出；二是金融机构必须合理配置资源，防止经济过热形成泡沫；三是必须全面提升银行体系的稳健性，以更大韧性应对冲击。

六、柬埔寨金融机构

(一)发展历程

柬埔寨银行体系由国家银行和商业银行构成,采用的是单一监管体系,国家银行为其监管机构。国家银行的主要职能是:建立金融体系的法律框架,维持稳定的价格体系,为制定金融政策提供依据,增加国家资本、承担政府间的财务清算和管理本国货币,管理外汇储备,管理和调控商业银行、专门金融机构等依法运营。柬埔寨国家银行有着丰富而复杂的发展历程,分为四个不同时期。

第一时期(1954—1974年)。1954年,柬埔寨摆脱法国统治获得独立,在此时期成立了柬埔寨国家银行,该银行被授予国家货币——瑞尔的印刷权,1954—1964年,柬埔寨国家银行担任监督与管理全国银行体系的重要职责。

第二时期(1975—1979年)。1975年,由于政治经济原因,柬埔寨国家银行被迫分崩离析,瑞尔被中止使用。红色高棉政权结束后,1980年柬埔寨国家银行开始重建。

第三时期(1980—1992年)。该时期,柬埔寨从零开始重建柬埔寨国家银行并重新发行国家货币瑞尔,且逐渐从中央计划经济过渡至自由市场经济。1991年,由于经济体制改革,柬埔寨由计划经济体制转变为自由市场经济体制,银行体系也随之从单轨银行体系(mono-banking system)转变为联邦体制国家常见的双轨银行体系(two-tier banking system)。次年,柬埔寨国家银行即被授予发布规章条例、公告规定以及其他告示的权责。

第四时期(1993年至今)。1993年起,基于依靠原有金融体系的基底,柬埔寨国家银行的发展日新月异,逐渐实现了银行管理现代化。然而,随着柬埔寨银行体系的蓬勃发展,柬埔寨外国贸易银行却长期被柬埔寨国家银行管控,直到2000年才独立。

(二) 总体概览

柬埔寨国家银行发布的金融机构监管年度报告显示,2018年柬埔寨全国商业银行增至43家、专业银行14家、可接受存款的微型贷款机构7家,另有微型贷款机构73家。

1. 柬埔寨存款货币银行资产

2019年12月,柬埔寨存款货币银行的资产为1750232亿瑞尔,相较于2019年11月的1706894亿瑞尔有所增长。2016年8月至2019年12月平均为1221205亿瑞尔,最高时为2019年12月的1750232亿瑞尔,最低时为2019年2月的57273亿瑞尔。

2. 柬埔寨存款货币银行对柬埔寨国家银行(NBC)的净债权

2019年12月,柬埔寨存款货币银行对NBC的净债权达-24268亿瑞尔,相较于2018年12月的-2687亿瑞尔有所下降。2016年12月至2019年12月平均为-1344.5亿瑞尔,最高为2017年12月的0亿瑞尔,最低为2019年12月的-24268亿瑞尔。

3. 柬埔寨存款货币银行对国营企业的债权

2019年12月,柬埔寨存款货币银行对国营企业债权为7亿瑞尔,相较于2018年12月的6亿瑞尔有所增长。2016年12月至2019年12月平均为5亿瑞尔,最高为2019年12月的7亿瑞尔,最低为2016年12月的0亿瑞尔。

4. 柬埔寨存款货币银行的国内信贷

2019年12月,柬埔寨存款货币银行国内信贷净额(NDC)达到991713亿瑞尔,相较于2018年12月的802712亿瑞尔有所增长;2016年12月至2019年12月平均为730107亿瑞尔,最高为2019年12月的991713亿瑞尔,最低为2016年12月的558048亿瑞尔。

5. 柬埔寨存款货币银行的国外资产

2019年12月,柬埔寨存款货币银行的国外资产达159745亿瑞尔,相较于 2018 年 12 月的 149948 亿瑞尔有所增长，2016 年 12 月至 2019 年 12 月平均为 133817 亿瑞尔。该数据历史最高值为 2019 年 12 月的 159745 亿瑞尔，而历史最低值为 2016 年 12 月的 108749 亿瑞尔。

6. 柬埔寨存款货币银行的国外负债

2019 年 12 月，柬埔寨存款货币银行的国外负债达 226035 亿瑞尔，相较于 2018 年 12 月的 179658 亿瑞尔有所增长。2016 年 12 月至 2019 年 12 月平均为 179455 亿瑞尔。该数据历史最高值为 2019 年 12 月的 226035 亿瑞尔，而历史最低值为 2016 年 12 月的 153965 亿瑞尔。

另外，2018 年柬埔寨金融业流动资产增至 40 亿美元，比 2017 年增长 19.4%。其中，贷款总额 245 亿美元（同比增长 19%）、存款额 221 亿美元（同比增长 15.3%），以及坏账率 2.8%。商业银行贷款总额 196 亿美元，比 2017 年增长 20.1%；存款总额 190 亿美元，同比增长 14%。银行资本达 66 亿美元，比 2017 年增长 23.3%；贷款基金为 16 亿美元，比 2017 年增长 10.2%。微型贷款机构贷款额 54 亿美元，贷款户 180 万人，存款额 25 亿美元，存款户 210 万人。

截至 2018 年底，银行与金融机构存款用户达 600 多万人，比 2017 年增长 13%；贷款用户达 285 万人，同比增长 3%。目前，全国共有 2164 家银行与金融机构的总部、分行和办事处，全国自动取款机增至 1804 台。柬埔寨部分银行的信息如表 1-17 所示。

表 1-17　柬埔寨部分银行信息汇总

序号	中文名	英文名	网址
1	柬埔寨国家银行	National Bank of Cambodia；NBC	https：//www.nbc.org.kh/english
2	阿克莱达银行	ACLEDA Bank Plc.	https：//www.acledabank.com.kh/kh/eng/
3	亚洲先进银行	Advanced Bank of Asia LTD.	https：//www.ababank.com
4	永旺小额信贷（柬埔寨）有限公司	AEON Microfinance（Cambodia）Co.，LTD.	http：//www.aeon.com.kh

续表

序号	中文名	英文名	网址
5	AMK 小额信贷机构	AMK Microfinance Institution	https：//www.amkcambodia.com/index.html
6	澳新皇家银行	ANZ Royal Bank	http：//www.anzroyal.com/en/Personal/
7	柬埔寨投资开发银行	Bank for Investment and Development of Cambodia Plc.	https：//www.bidc.com.kh
8	中国银行	Bank of China	https：//www.bankofchina.com.kh/en/
9	BOOYOUNG 高棉银行	BOOYOUNG KHMER BANK	http：//www.bkb.com.kh
10	柬埔寨亚洲银行	CAMBODIA ASIA BANK（CAB）	http：//www.cab.com.kh
11	柬埔寨商业银行	Cambodian Commercial Bank	http：//www.ccb-cambodia.com
12	柬埔寨大众银行	CAMBODIAN PUBLIC BANK（CPB）	https：//www.cpbebank.com/Home
13	加华银行	Canadia Bank Plc.	https：//www.canadiabank.com.kh/en/index.aspx
14	国泰世界银行	Cathay United Bank	http：//www.cathaybk.com.kh
15	联昌国际银行有限公司（马来西亚）	CIMB Bank Plc.	http：//www.cimbbank.com.kh
16	第一商业银行	FIRST COMMERCIAL BANK	https：//www.firstbank.com.tw/servlet/fbweb/en_US/1535633581161
17	第一金融公司	First Finance Plc.	https：//www.firstfinance.biz
18	柬埔寨外贸银行	Foreign Trade Bank of Cambodia（FTB）	http：//www.ftbbank.com
19	哈达·卡塞卡有限公司	Hattha Kaksekor Limited	http：//www.hkl.com.kh
20	丰隆银行（柬埔寨）有限公司	Hong Leong Bank（Cambodia）Plc.	http：//www.hlb.com.kh
21	中国工商银行	ICBC Bank	http：//www.icbc.com.cn/ICBC/海外分行/金边网站/CN/关于我行/机构简介/

续表

序号	中文名	英文名	网址
22	Kredit 小额信贷机构有限公司	Kredit Microfinance Institution Plc.	http：//www.kredit.com.kh/index.php/en/
23	LY HOUR 小额信贷机构有限公司	LY HOUR Microfinance Institution Plc.	https：//www.lyhourmfi.com.kh
24	MARUHAN 日本银行有限公司	MARUHAN JAPAN BANK PLC	https：//www.sathapana.com.kh/about-sathapana/
25	马来亚（柬埔寨）银行	MayBank Plc.	https：//www.maybank2u.com.kh
26	Amret 小额信贷机构	icrofinance Institution Amret	https：//www.amret.com.kh
27	金边商业银行	Phnom Penh Commercial Bank	https：//www.ppcbank.com.kh/en/index.php
28	普拉萨克小额信贷机构	Prasac Microfinance Institution	https：//www.prasac.com.kh
29	西贡银行（柬埔寨）有限公司	SacomBank (Cambodia) Plc.	https：//www.sacombank.com.kh
30	柬埔寨银行协会	The Association of Banks in Cambodia	http：//www.abc.org.kh
31	联合商业银行有限公司	UNION COMMERCIAL BANK PLC	https：//www.ucb.com.kh/en
32	瓦塔纳克银行	Vattanac Bank	https：//www.vattanacbank.com

资料来源：根据柬埔寨央行网站整理。

（三）案例介绍：柬埔寨加华银行

加华银行成立于1991年，曾用名为 Canadia Gold & Trust Corporation Ltd。按存贷款市场份额衡量，加华银行是柬埔寨最大的本地银行，也是柬埔寨领先的地方银行和全方位服务的商业银行。1991年底，在柬埔寨金边设立第一批金融机构，目的是重建柬埔寨经济，1998年开始私有化。

2019年，加华银行在柬埔寨证券市场上市，提供广泛、领先的银行产品和金融服务，包括存款（公司和消费者）、外汇、本地及国际汇款、信用卡、现金管理、消费者、商业、公司贷款和股票经纪。净利润高达12244万美元，比上年的 9068 万美元增长了 35%。通过额外注资 6000 万美元，该行资本已增至 39000 万美元，股东权益回报率（ROE）高达至 16.96%（上年为 15.17%）。

尽管竞争很激烈，加华银行的总资产仍持续增长至 654000 万美元，比上年增长了 10.37%。贷款质量依然保持稳健，并增长了 20.51%，相当于 398000 万美元。通过对不良贷款的管制和贷后工作上的改善使不良贷款率从 3.24% 降至 3.18%，且成本管理方面也得到良好的控制（成本收入比率为 26.16%）。

加华银行将继续通过全国各个分行网点向客户扩展服务。截至 2019 年底，加华银行共有 60 家分行，161 台自动取款机（ATM）和 10 台现金存款机（CRM）安置在人口密集区域。

加华银行资本和流动性状况仍保持在良好水平。加华银行一级资本占比为 16.17%，偿付能力比率维持在 19.77% 的高位。流动性覆盖率（LCR）高达 134.36%，高于 2019 财年底 90% 的最低监管要求。

2019 年加华银行继续致力于中小企业和消费市场，其中中小企业增长 34%（23100 万美元），而消费市场信贷增长 44%（18700 万美元）。不仅如此，加华银行也将对中小企业特殊融资方案从 2 亿美元提高至 4 亿美元，以支持柬埔寨中小企业的发展。

第二章　金融市场

金融市场范围比较宽泛，按直接融资的性质可分为债务市场和股权市场，常见的如债券市场、抵押票据市场和股票市场。按在发行和交易中的地位，则又可分为一级市场和二级市场，其中一级市场又称为 IPO 市场，二级市场为流通市场。同时，按照金融工具期限的长短，又可划分为货币市场和资本市场。

由于金融市场划分依据多样，便呈现不同的类型，为了力求资料完整和概述方便，本章主要介绍各国的证券市场（股票、债券）、货币市场（信贷）、外汇市场及衍生品市场。

至于金融市场发展的量化及其比较，本报告附录 C 以国际货币基金组织（IMF）数据做了简要的国别比较。

一、中国金融市场

（一）发展历程

1. 改革开放前的金融市场（1949—1981 年）

1949—1981 年的 30 多年间，为适应高度集中统一的计划经济体制，我国金融市场逐渐建立了统一的金融体系。

一是建立了统一人民币制度。1948 年 12 月，中国人民银行成立，并于 1948 年 12 月 7 日首次发行人民币。新中国成立后，通过肃清旧政权发行的货币、禁止金银流通与私人买卖、国家统一管理和集中经营外汇等措施，逐步确立了以人民币为法定货币的制度，标志着一个崭新的系统货币体系形成。

二是建立金融机构体系，建立"统存统贷"的信贷管理体制。通过建立中国人民银行，兼并解放区的商业银行及收缴、改建、重组官僚资本银行等方式实现新中国金融机构体系的构建。当时我国只有中国人民银行一家银行，统筹兼顾全国上下一切金融活动，集中央银行与商业银行双重职能于一身，集现金中心、结算中心、信贷中心于一体。中国人民银行的分支机构遍布全国，以便于实行统存统贷的信贷管理体制。

2. 改革开放后的金融市场（1978—1984年）

1978年末，中国开启了金融体制改革新阶段，随着经济改革的不断推进，经济建设也在逐渐深入，此时期中国金融市场仍处于起步阶段，当时银行体系、中央银行体系面临着新挑战。1978—1984年，银行等金融机构迅速发展，金融体系包括的内容不断丰富，中国初步建成以央行为中心、国有银行为主体，多种金融机构协同发展的金融体系。

一是中央银行制度的基本框架初步确立。1978年之前，中国人民银行"一家独大"，在"文化大革命"期间，中国人民银行甚至被短暂并入财政部，成为后者主管货币发行和存款贷款事务的若干司局。1984年初，财政部将人民银行总行分出，单独建立专门机构，中国人民银行开始承担金融监督与管理、设计与执行货币政策的专一职能。

二是以商业银行为主体的金融市场基本建立。1979年，中国农业银行重新恢复建立，中国银行从人民银行中分离重组；1983年，中国工商银行建立，中国中央银行制度架构初步敲定。

三是票据市场萌芽。1980年，我国银行承兑及贴现票据开启实验执行时期。由人民银行在上海的分支银行率先探索中国票据贴现的可行性，并决定于1981年先行试点；同年2月，上海各区联合尝试办理首笔商业汇票贴现。

四是资本市场萌芽。在股票市场方面，1984年经过央行上海分行的批准，允许飞乐音响公司向社会公众公开发行不需要偿还的中国股票。这是改革开放后中国首只一般意义上的股票，它的发行标志着我国资本市场的正式开启。在国债市场方面，1981年1月我国出台了《国库券条例》，中央财政发行48.66亿元国库券，这标志着中国国债市场起步。

五是金融市场的逐步开放。1979年3月，日本的输出入银行在我国设立代表处，我国金融市场初步开放；1981年，部分外资机构于我国金融市场开始营业，主要位于深圳、厦门等一线经济特区开设分支机构。随着时代的发展，国内银行业的开放区域也不再受限于经济特区，逐渐向一线城市及沿海城市延伸。

3. 金融市场形成阶段（1982—1992年）

1982—1992年，中国金融市场逐渐形成，中国资本市场也开始崛起。中国金融市场日渐对外开放，中国金融体系也愈加顺应市场经济的需求，逐步向规范化、法治化发展，为推动中国经济高质量发展奠定了坚实基础。

一是中国货币市场形成。首先是中国同业拆借市场初步成形。在中国货币市场里同业拆借市场是起步最早、成长最快、最典型的货币市场。1984年10月，中国人民银行开始专门行使中央银行职能，并提出了新的信贷资金管理体制，允许银行间存在同业拆借。1986年颁布的《银行管理暂行规定》进一步明确定义、允许同业拆借的行为。

其次是中国票据市场初步成形。1984年后《商业汇票承兑、贴现暂行办法》《中国人民银行再贴现试行办法》先后正式颁布，中国开始在全国开展票据承兑、贴现以及再贴现业务；1989年，中国人民银行发布《关于改革银行结算的报告》；1994年，中国人民银行在"五行业、四品种"（煤炭、冶金、电力、铁道、化工和棉花、食糖、生猪、烟叶）中推行商业汇票结算。

二是资本市场引入社会主义市场经济体系。20世纪80年代中期，我国部分地区进行企业发行股票筹资试点。1990年，上海、深圳证券交易所相继营业，进一步拓宽了中国企业的融资渠道，沪深证券交易所的出现标志着中国股票市场开始正式运作。同年全国证券交易自动报价系统（STAQ系统）启动。沪深股市出现之初，其上市的股票只有为数很少的几只，规模很小。截至1991年底，上海证券交易所共有8只上市股票，25家会员；深圳证券交易所共有6只上市股票，15家会员。在上海或深圳证券交易所上市的股票基本上都是沪深本地股，如上海的老八股中只有一只是异地股票。

此外，资本市场主要中介机构的证券公司和证券投资基金也相继设立。1991年10月，"武汉证券投资基金"和"南山风险投资基金"成立；同年，中国农村发展信托投资公司设立了淄博基金；1992年，国务院决定成立中国证监会，我国资本市场逐渐融入全国集中统一的监管体系，全国性市场孕育而生。

三是金融市场对外进一步开放。1990年8月，上海浦东经济特区金融市场对外开放先行先试，率先被批准引进外资金融机构。此后，大量外资备受激励，纷纷进军上海金融市场。1991年，人民币特种股票在中国境内证券交易所正式推出，俗称B股，它是由人民币标明票面价值，并可使用外币进行认购流通的外资股。1992年10月，党的十四大第一次正式确立了我国市场经济的根本目标，标志着中国进入深化对外开放全新时代。

4. 金融市场完善阶段（1993—2000年）

1993年11月，为全面适应社会主义市场经济体制建设的要求，党的十四届三中全会提出建立社会主义市场经济体制总体目标，这标志着中国金融体制改革开始进入全面深化改革的紧要关头。1993—2000年，基于现阶段金融改革目标，我国金融市场正在朝着健康、繁荣的方向发展。

一是货币市场日臻完善。首先，我国集中统一的同业拆借市场逐渐成形，同业拆借市场逐渐从野蛮发展步入规范发展新时代。1996年4月，同业拆借网络系统在全国范围内统一运行，该系统主要包括全国银行间同业拆借中心的电子交易系统、中国人民银行分支机构的拆借备案系统，实现全国报价、交易以及结算的统一。

其次，中国商业票据市场的快速发展。1994年后，在我国部分经济较发达的沿海省份和市区，商业汇票被广泛应用于企业的支付、清算和融资中；1996年，中国本土票据法落地；1997年，票据管理办法和再贴现办法颁布；1998年，《关于加强商业汇票管理促进商业汇票发展的通知》发布；1999年，中国人民银行发布《改进和完善再贴现业务管理的通知》。以上法律规章的发布从法律角度对我国票据行为进行了规范化管理，该时期我国票据使用和流通量不降反升，也从侧面体现了规范管理的有效性。

二是中国资本市场规范化发展。1992年10月，国务院证券委、中国证监会成立；1993年，中国陆续出台当时证券市场最重要的法规——《股票发行与交易管理暂行条例》，它在较长的时间内为我国股票市场的股票发行与交易提供了规范监管，也为日后《证券法》的出台奠定了良好基础；1993年12月29日、1998年12月29日我国颁布了关于证券市场的另外两部重要法律——《中华人民共和国公司法》《中华人民共和国证券法》。以上三部重要法规的发布标志着中国资本市场正式进入规范发展阶段。

5. 金融市场开放阶段（2001—2015年）

2001年12月，中国加入世界贸易组织（WTO），我国金融市场与国际金融市场开始进行更加深入的竞争与合作，我国金融体制改革也随即快马加鞭地跟上步伐。中国金融市场进一步开放的同时，也为新一轮的改革发展带来新机遇。

一是金融分业监管体制的形成。2003年3月，中国银监会被批准成立，中国人民银行终于把监管职能剥离而出，真正实现了专一执行制定与实施货币政策的职能，真正厘清了金融宏观调控与金融监管的权责关系。自此，包括银行、证券、保险三大金融市场的中国金融分业监管体制逐步成形。

二是中国资本市场的快速发展。首先，新三板出现。2013年1月16日，全国中小企业股份转让系统正式投入运营，标志着中国"新三板"市场的开始。其次，股权分置改革。2005年，关于上市公司股权分置改革的试点和管理办法的相关政策由证监会正式发布,这标志着我国开始全面推动股权分置改革,这将彻底解决股市股权结构不合理状况,把国有股、法人股等不能上市流通的股票均转变为流通股,维护中国股票市场的健康发展。最后,"国九条"颁布。2004 年,"国九条"的推出体现了国家层面对资本市场的高度重视;十年之后,国务院推出新"国九条",就进一步促进资本市场的健康发展发布意见,这对我国资本市场的发展起了巨大的推动作用。

三是中国金融市场开放力度不断加大。2002 年末,《合格境外机构投资者境内证券投资管理暂行办法》由证监会和人民银行联合宣布正式落实,这标志着中国资本市场开始逐步融入国际资本市场,对于推进资本市场健康发展意义非凡。

6. 快速发展阶段(2016 年至今)

自"十三五"规划纲要提出以来,我国金融行业紧密把握"服务实体经济、防控金融风险、深化金融改革"这三大任务,深刻领会该时期的发展特征、发展理念,中国金融市场综合实力也随之增强,金融服务经济社会发展能力稳步提升。

一是对内金融市场与时俱进。2016 年后,中国资本市场改革进入全面深化阶段;2020 年 9 月上旬,沪深两市的上市公司总数已经突破 4000 整数关口,达到 4002 家,整体市值达到 81.97 万亿元,成为仅次于美国的全球第二大股票市场。随着中国债券市场持续飞速发展,债券市场规模也在稳步扩大。截至 2020 年末,中国债券市场存量债券余额 114.33 万亿元,跃升为全球第二债券市场。

二是对外金融市场高水平开放。在此时期我国全面推行落地准入前国民待遇和负面清单制度,逐步实现金融市场高水平对外开放。"十三五"期间,银行、证券以及基金等领域的外资持股比例限制被取消;企业征信评级、信用评级、支付清算等领域的准入限制也被取消,同时给予外资国民待遇等,这些措施的推行进一步扩大了外资金融机构的合法营业范围。中国金融市场高水平双向开放，提高了国际投资者的信心，根据中央结算公司公开数据，截至 2020 年末，境外机构已经连续 25 个月增持人民币债券，2020 年累计增持人民币债券超过万亿元。

（二）总体概览

2020 年，中国债券市场发行规模显著增长，现券交易量增加；货币市场成交量增加，货币利率显著下行；利率衍生品成交量同比上升，互换及期货价格小幅下降；股票市场主要股指大幅上涨，两市成交金额显著增加。

1. 债券市场情况：发行规模显著增长，现券交易大幅增加

（1）发行规模方面

2020 年，中国债券市场共发行各类债券 57.3 万亿元，较上年增长 26.5%。其中，银行间债券市场发行债券 48.5 万亿元，同比增长 27.5%。

（2）现券交易量方面

2020 年，中国债券市场现券交易量 253 万亿元，同比增长 16.5%。其中，银行间债券市场现券交易量 232.8 万亿元，日均成交 9350.4 亿元，同比增长 12%。交易所债券市场现券成交 20.2 万亿元，日均成交 830.4 亿元，同比增长 142.6%。

2. 货币市场情况：货币市场利率下行，市场交易活跃

（1）成交量及利率变化方面，货币市场利率下行

2020 年 12 月，中国银行间货币市场同业拆借月加权平均利率为 1.3%，较上年同期下行 79 个基点，质押式回购月加权平均利率为 1.36%，较上年同期下行 74 个基点。

（2）银行间回购和拆借交易活跃

2020 年，银行间货币市场总成交量 1106.9 万亿元，同比增长 14%。其中，同业拆借累计成交 147.1 万亿元，同比下降 3%；质押式回购累计成交 952.7 万亿元，同比增长 17.6%；买断式回购累计成交 7 万亿元，同比下

降 26.3%。

3. 股票市场运行情况：主要指数上行

股票市场主要指数上行，成交额显著增加。2020 年末，上证综指收于 3473.07 点，较上年末上涨 422.95 点，涨幅为 13.9%；深证成指收于 14470.68 点，较上年末上涨 4039.91 点，涨幅为 38.7%。两市全年成交额 206.83 万亿元，同比增长 62.3%。

4. 利率衍生品市场：成交金额上升

2020 年，银行间人民币利率衍生品市场累计成交 19.9 万亿元，同比上升 6.8%。其中，利率互换名义本金总额 19.4 万亿元，同比上升 6.8%；标准债券远期成交 4532.3 亿元，信用风险缓释凭证创设名义本金 149.3 亿元，信用违约互换名义本金 12 亿元。互换利率有所下降，2020 年末，1 年期 FR007 互换利率收盘价（均值）为 2.48%，5 年期 FR007 互换利率收盘价（均值）为 2.83%。

（三）案例介绍：中国债券市场

1. 中国债券市场发展历程

中国债券市场经历了起步、恢复、市场体系成形、稳步发展及高速发展时期。近年来，我国债券市场发售与监管体制进一步完善，并伴随着整体经济的高速扩张以及企业融资需求的不断增加，使我国债券市场的规模远超过去，并逐渐扩大。

（1）起步期（1950—1980 年）

新中国成立初期，物价飞涨、通货膨胀严重，统一的税收制度尚未建立，政府财政收入十分有限，加之解放战争还在继续，军队开支较大，财政收支形势较为严峻，在这一历史背景下，我国开始尝试发行国债。

1950—1958 年，我国共发行了 6 期国债，这是新中国的第一批债券。1950 年，中央人民政府决定开始发行期限为 5 年、规模为 3 亿元的"人民胜利折实公债"。1954—1958 年，中国连续五次发行"国家经济建设公债"。为了解决当时国家财政困难，加速国家经济建设，中央政府通过发行"人民胜利折实公债"和"国家经济建设公债"这类面值与物价指数挂钩的公债进行财政资金筹集。这些公债的发行为我国国民经济恢复和第一个五年计划画上完美句号，自此中国债券市场雏形初现。

（2）恢复期（1981—2004 年）

1981 年前，新中国面临着巨额财政赤字，具体数额为 127.5 亿元。为了解决财政赤字困境，1981 年初，国务院宣布国库券重新发行。我国开始产生债券交易与流通的市场需求，债券市场也陆续推出企业债和政策性银行债。

1985 年，由沈阳房地产公司发行的 5 年期债券，是改革开放后中国发行的第一只企业债券，它标志着中国企业债券的萌芽；同年，《1985 年发行金融债券、开办特种贷款办法》发布，要求由农业银行向农村发行金融债券，由工商银行向城市发行金融债券，这标志着中国金融债券开始进入起步阶段。这些债券的发行为中国基础设施的建设提供了长期稳定的资金源。1997 年 6 月上旬，我国银行间债券市场被批准成立，成立初期仅有 61 家银行参与合作，此后经过多年的发展，现已成为中国三大债券市场之一。

（3）稳步发展期（2005—2012 年）

2005 年后，中国信用债市场崛地而起，促进了中国债券市场组织体系的完善。我国一级市场开始发行公司债、资产支持证券等信用债券；二级市场上，银行间陆续推出债券远期、远期利率协议等金融产品，债券市场交易活跃度大幅提升。

一是中国债券市场逐步开放。在此期间，中国债券市场开始逐步进入银行间市场，同时亚洲开发银行作为第一个国际多边机构被允许在中国境内发行人民币债券。2007 年，香港离岸人民币债券开始试点发行，首个离岸人民币债券市场正式成立。

二是债券品种多样化。在此期间，我国债券产品不断丰富，我国债券市场进入稳健发展阶段。2005 年，我国首次发行短期融资券，次年资产支持证券首次发行；2008 年 4 月，中期票据首次发行；2009 年 4 月，我国发行了第一只地方政府债券。

（4）高速发展期（2013 年至今）

为了贯彻落实规范发展债券市场的总体目标，2015 年对《公司债券发行试点办法》进行了大量修订，同时更名为《公司债券发行与交易管理办法》。该办法的修订和实施进一步降低了公司债券发行主体和方式的法律限制，融资规模出现较大增长，公司债券的飞速发展也象征着中国债券市场开始进入高速发展快车道。

2. 中国债券市场总体概括

（1）发行量持续增长

据中国人民银行官方公布的金融运行数据，截至 2020 年，中国债券市场总体发行各类债券达到 57.3 万亿元，较上年增长 26.5%。其中银行间债券市场的发行规模最大，达到 48.5 万亿元，同比增长 27.5%。截至 2020 年 12 月末，债券市场托管余额为 117 万亿元，其中银行间债券市场托管余额为 100.7 万亿元。

2020 年，国债发行 7 万亿元，地方政府债券发行 6.4 万亿元，金融债券发行 9.3 万亿元，政府支持机构债券发行 3580 亿元，资产支持证券发行 2.3 万亿元，同业存单发行 19 万亿元，公司信用类债券发行 12.2 万亿元（见表 2-1）。

表 2-1 2016—2020 年债券市场主要债券品种发行量变化情况

单位：万亿元

券种	2016 年	2017 年	2018 年	2019 年	2020 年
国债	2.9	3.9	3.5	4	7
地方政府债券	6	4.4	4.2	4.4	6.4
金融债券	1.3	5	5.3	6.9	9.3
政府支持机构债券	0.0225	0.0286	0.0253	0.0372	0.0358
资产支持证券	0.038381	1.5	1.8	2	2.3

续表

券种	2016年	2017年	2018年	2019年	2020年
同业存单	13	20.2	21.1	18	19
公司信用类债券	8.2	5.5	7.3	9.7	12.2

资料来源：中国人民银行。

(2) 托管量稳步上升

2020年，中国债券市场托管总量达到104.32万亿元，相较上年增长了19.38%。其中，上海清算所托管债券13.37万亿元；交易所市场托管债券13.81万亿元；中央结算公司托管债券77.14万亿元（见表2-2），其市场占有率最大（见图2-1）。

表2-2 2019—2020年债券市场托管情况　　　　　　　　单位：万亿元

	2020年	2019年	同比增长（%）	占比（%）
中央结算公司	77.14	64.98	18.72	73.95
上海清算所	13.37	11.63	14.97	12.81
交易所市场	13.81	10.78	28.14	13.24
全市场	104.32	87.39	19.38	100.00

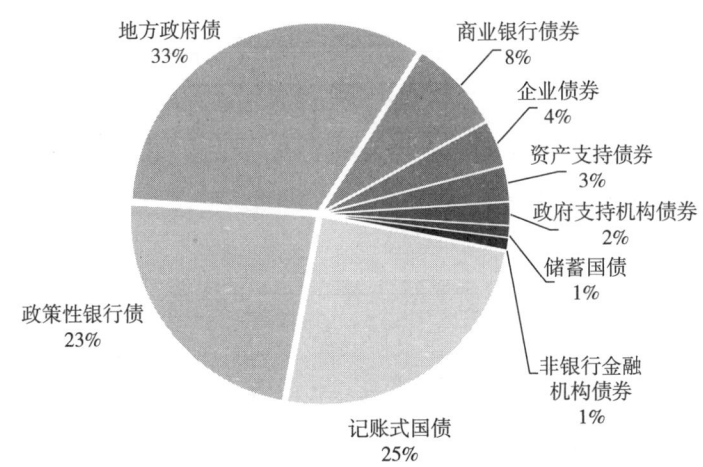

图2-1 2020年中央结算公司登记托管的各券种比重

(3) 结算量增幅扩大

2020年,中国债券市场交易总体结算量为1540.11万亿元,较2019年增长17.81%。从结算机构看,中央结算公司结算量为943.23万亿元,同比增长15.91%;上海清算所结算量为302.26万亿元,同比增长18.89%;交易所市场结算量为294.61万亿元,同比增长23.13%。从交易类型看,现券结算量为241.02万亿元,同比增长12.93%;回购结算量为1291.97万亿元,同比增长18.56%;债券借贷结算量为7.11万亿元,同比增长69.69%(见表2-3)。

表2-3　2019—2020年债券市场交易结算情况　　　单位:万亿元

	2020年	2019年	同比增长(%)	占比(%)
中央结算公司小计	943.23	813.79	15.91	61.24
现券交易	153.16	139.40	9.87	
回购交易	782.96	670.21	16.82	
债券借贷	7.11	4.19	69.98	
上海清算所小计	302.26	254.24	18.89	19.63
现券交易	76.57	71.17	7.58	
回购交易	225.69	183.07	23.28	
交易所市场小计	294.61	239.28	23.13	19.13
现券交易	11.29	2.86	295.31	
回购交易	283.32	236.42	19.84	
全市场	1540.11	1307.31	17.81	100

资料来源:中央结算公司、上海清算所、Wind。

(4) 债券收益率先降后升

2020年,我国债券收益率整体上移,全年呈先降后升的趋势。4月前,受疫情影响,债券收益率下行。5月后,由于我国疫情防控取得理想效果,经济开始好转,债券收益率曲线整体上移。12月末,10年期国债、国开债、企业债的收益率分别为4.31%、3.72%、3.27%,较上年同期分别上行1bp、14bp、13bp。2020年末,中债国债总指数收盘价为195.19,较上年同期上涨

5.05；中债新综合全价指数收盘价为 119.00，较上年同期下降 0.08。

二、老挝金融市场

（一）发展历程

"老挝证券交易所"（Lao Securities Exchange，LSX），简称"老交所"，是老挝第一家资本市场。老交所的成立为老挝政府和企业吸引了大量投资，也为老挝未来发展提供了长期稳定的资金支持。老交所的成立历史可基本划分为三个阶段：

第一阶段（1996—2000 年）：老挝政府在第四个"五年经济社会发展计划"中指出，为了更好地吸引国内外资金，应进一步修改与完善老挝的投资政策与营商环境。为此，1997 年老挝国家银行开始起草金融市场的规章制度，研究和调整企业融资的最终来源与管理方式，于是逐渐产生筹办老交所的想法，自此，老挝开始着手前期准备工作。然而 1997 年亚洲金融危机耽搁了老挝资本市场的起步，以致前期准备工作停滞不前。

第二阶段（2001—2005 年）：随着经济全球化与世界经济一体化进程的深化，自亚洲金融危机后，老挝国民经济逐渐得到持续恢复。2001 年老挝政府在第五个"五年经济社会发展计划"中明确指出，应"深入研究与创立金融市场"。为积极落实第五个"五年计划"，2002 年，老挝国家银行专门安排了金融工作者组织和研究证券市场的结构与形成。2005 年老挝经济和金融在经历了各类严峻挑战后，其法律法规和资本市场的研究均取得突破性进展。

第三阶段（2006—2010 年）：2006 年，老挝政府在第六个"五年经济社会发展计划"中指出，"应进一步扩大金融市场，拓宽筹资渠道"。2006 年，老挝积极派遣本国金融工作者出访越南、韩国和泰国参加投资交流与合作培训，旨在汲取经验、推动外资引进。在此时期，老挝政府逐渐意识到长期资金对企业未来发展的重要性，因而最终准许创建老交所，这也是老挝金融市场进程中重大的进步。

（二）总体概览

1. 信贷市场

由于老挝尚未建立个人信用体系，商业银行的资金实力较弱，经营方式单一，贷款条件高、利息也较高①。信用卡在老挝尚未普及，居民可在一般银行开设存款账户，可以从 ATM 机上取基普和美元。根据老挝外汇管理的规定，基普不能自由兑换，老挝虽鼓励使用基普，但信贷市场上除基普外的其他货币均可使用，如美元和泰铢。

2. 外汇市场

根据老挝外汇管理规定，在老挝注册的外资企业可在老挝银行开设外汇账户，用于进出口结算。老挝国家银行实行有管理的浮动汇率制度，每日设定参考汇率，允许商业银行和外汇管理局在 0.25% 的范围内浮动。2019 年以来，老挝基普兑美元汇率持续下跌，美元兑基普汇率达到 1∶8900 左右，欧元兑基普汇率则高达 1∶9800 左右，人民币兑基普汇率在 1∶1250 左右。

3. 证券市场

老挝证券市场于 2010 年 10 月 10 日在万象挂牌成立，该证券市场是目前世界上规模最小的资本市场之一，但是发展潜力巨大。当时共有 3 只股票上市，分别为老挝外贸银行、大众发电以及老挝世界。

（三）案例介绍：老挝证券市场

老挝证券交易所是老挝唯一的股票市场，由老挝中央银行（持股 51%）和韩国证券交易所（持股 49%）共同出资。老挝证券交易所将吸引的巨额资本用于国家的发展建设上，为企业筹集长期资金，并促进老挝金融市场的完整性。因此，老挝政府认为有必要建立资本市场。

---

① 关于老挝金融市场部分，感谢昆明西财金融研究会理事长陈伟先生提供素材。

老挝共有 4 家证券公司，分别是澜沧证券、外贸银行—恭泰证券、老中证券和 APM 证券。2013 年 11 月，老中证券有限公司正式开业，该公司是老挝首家中资参与的合资公司，由中国太平洋证券股份有限公司、老挝农业促进银行及老挝信息产业有限公司共同发起设立。

老挝证券交易所的股票指数是 LSX 指数，由在老挝证券交易所上市的公司股价综合指数编制而成。

计算方法：LSX 指数＝计算时点的市场资产值／基期市场资产值×1000。

基准日期及值：2011 年 1 月 11 日＝1000p　　成份股：11 股

目前，老挝证券市场共有 11 只股票，其中老挝水泥公司是老挝第 7 家上市公司，由中国云南国际经济技术合作公司和老挝农工发展有限公司合资成立；老挝万象中心是老挝第 10 家上市公司，由云南省建设投资控股集团有限公司与老挝吉达蓬集团合资成立。

三、缅甸金融市场

尽管目前缅甸金融市场已初步形成，但是其发展水平仍较低，需进一步加大金融改革力度，跟上国际金融发展的步伐。

（一）发展历程与概况

1. 股票市场

目前，缅甸共有 4 家上市公司股票可以在仰光交易所交易，即缅甸第一投资公司、缅甸迪洛瓦特区股份公司、缅甸国民银行以及第一私人银行。在交易所进行股票交易首先必须在证券公司开户，缅甸证券投资委员会现已批准的券商有五家：KBZSC、CB Securities、Myanmar Securities Exchange Center、AYA Trust Securities 以及 KTZRH Securities。同时，仰光证券交易所仅对缅甸本土投资者开设账户，全部的股票交易也只能在缅甸最大的私人 KBZ 银行进行结算。

根据缅甸相关法律规定,缅甸股票市场还不对外开放,仅允许缅甸本地公司在仰光交易所上市交易,外资公司无法在缅甸上市交易,且只允许缅甸公民和缅资企业参与上市公司股票的买卖,国外企业与个人无权购买缅甸上市公司股票。

缅甸仰光证券交易所内的4家上市公司,股东约有30万人,但每天进行股票交易的只有300~500人,持有上市公司股票的股东开设股票交易账号的约有33000人。到2018年2月,证券交易所交易额只有7亿缅甸元左右。

2. 债券市场

缅甸政府于1993年起开始发行债券,对发展债券市场做了很多努力。缅甸财税部先后委托缅甸中央银行发行了2年期、3年期、5年期的国库券,缅甸中央银行则通过贴现窗口销售国库券,缅甸证券交易中心和缅甸经济银行进行承销。2017年8月,缅甸国库券2年期利率为8.75%、3年期利率为9.0%、5年期利率为9.5%,国库券可以在缅甸国内转售,在缅甸经济银行的内比都总行与仰光、曼德勒分行直接销售。

缅甸债券场外交易市场依然通过实物证书形式出售政府债券。缅甸政府债券发行仅限于缅币,其他一切外币不得发行。缅甸债券都是政府债券,并且未在仰光证券交易所进行交易,也还未建立债券信用评级制度。此外,缅甸虽还未发行公司债券,但已积极在为公司债券的发行做准备。

3. 信贷市场

缅甸一直是实行利率管制的国家,利率水平由中央银行确定。缅甸金融机构可基于缅甸央行规定的法定存贷款基准利率,在允许的变动区间内自由浮动。1996—2006年,缅甸央行贷款利率为12%,同时允许商业银行在3%左右的范围内制定利率。相应时间内,缅甸通货膨胀平均超过存款利率10%,缅甸实际利率为负,表现出明显的金融抑制特征。

缅甸利率管制压制了缅甸贷款人与存款人的积极性,使得居民丧失了向银行存款的热情,相关金融机构因此也失去了资源配置和集聚功能。为了对冲通货膨胀，大多数金融资源流向投机性领域，加大了金融环境的不稳定性。中央银行设定的法定利率水平难以直接精确地反映出市场资金供需的实际状况，容易导致资金的理论成本与实际成本产生偏离。高企的利率将打击生产制造型企业的投资积极性，也可能加剧银行投机性投资行为和货币市场的风险。

2009年，缅甸国内信贷仅占国内生产总值的30%，而且80%的信贷来自中央银行贷款，剩下的20%来自商业银行贷款，私营企业获得国有银行的贷款十分困难。在法定存款准备金方面，缅甸央行为了阻止货币供应量和通货膨胀的上扬，于2006年4月将法定存款准备金率由10%提高到12%，存款利率和贷款利率分别提高至12%和17%。

4. 保险市场

2012年缅甸开始放开保险业务限制，允许国内私营企业经营保险业务，当年审批并颁发了共12份许可证。2013年私营保险开始营业。目前，外国保险公司在缅甸经营还未得到缅甸政府的允许，不过国外的保险公司已经在缅甸境内设有办事处，如来自日本、美国的保险公司，其他国家的保险公司也将被允许在缅甸经营保险业务。

此外，缅甸保险监管理事会已允许保险公司在获得审批后直接发行美元保单，但要求增加50万美元的资本金。根据《缅甸时报》报道，2015年底缅甸的保险市场平均以每年40%的速度在增长，每个保险公司的月均保费收入达到10亿缅甸元。在缅甸所有保险种类中，火灾险最为畅销，收入占比达40%，其次是车辆险、海事险及人寿险。

5. 外汇市场

根据缅甸计划与财政部数据，2016年初缅甸外汇储备为11.96万亿缅甸元，黄金储备为3249亿缅甸元，合计约为93.86亿美元。在外汇管理方面，缅甸的外汇市场管理主要由缅甸外汇管理部门负责。根据缅甸外汇管理部门规定，居住在缅甸境外的任何国籍人员禁止进行一切外汇交易行为，缅币禁止出入国境。但是，根据缅甸贸易部（91）7号令，中缅边境地区的边境贸易允许使用人民币与缅币。

除缅甸外汇管理当局特别批准需要保留外汇外，除了居住在缅甸本土的外国国民且进行与官方业务有关而获得的外汇收入，其他人员没有进行贸易而获得的外汇收入必须上缴。

2012年4月起，缅甸官方宣布外国人员进入缅甸时低于1万美元或是相当价值的其他货币可以不用向缅甸海关申报，高于1万美元必须向海关申报。缅甸目前还没有完全消除外汇管制，但是随着缅甸对外开放力度的加大，境外外汇的汇进与汇出的自由度将会加大。外国企业可以通过大华银行将美元汇进缅甸，中国企业可以通过中国工商银行和缅甸外贸银行进行协商，将中方企业资金汇入缅甸。

从2013年8月5日开始，在缅甸获得准许的各大银行实现了银行间外汇市场信息共享服务系统。2013年8月12日，缅甸央行网站公布银行间外汇市场的美元外汇信息，居民可以通过电话自行查询相关外汇信息。2013年11月2日，缅甸第一套互联网在线支付系统在商业银行开始启动，商业银行电子商务系统正式开展支付与接收汇款工作。

为规避缅甸外汇管制，在缅甸设立的企业大多通过兑换所和地下钱庄等非官方、非正规的机构进行外汇兑换和境内外汇款，所以缅甸一直也存在着官方、半官方、非官方与黑市四重汇率。2012年4月，缅甸央行废除了多年来的多重汇率制度，实行与特别取款权挂钩的基于市场情况有限制的浮动汇率制度。

最初，缅甸官方将汇率定为1美元兑换818缅甸元，在每天的拍卖会上商业银行提出当日缅甸元竞标价，然后缅甸央行根据提出的竞标价宣布当日的汇率参考值，最后参加竞标的商业银行根据央行公布的参考利率以上下0.8%的浮动进行缅币与外币的买入与卖出。

(二) 案例介绍：缅甸普惠信贷市场

2010 年初，缅甸政府认为需要改善财政渠道，以减轻居民的贫困程度，其信贷政策旨在通过多样化的渠道增加信贷供应，如允许小额信贷合法化。

2011 年，吴登盛总统上任，缅甸开始改善农村人口金融服务可及性。当时政府将减贫作为一项重要的政策目标，农村财政的改善是实现这一目标的关键。非正式信贷长期占主导地位，政府开始增加信贷供应，并使农村地区的信贷来源多样化。2016 年以来，缅甸全国民主联盟（NLD）政府巩固了这一政策方向。

作为增加信贷供应的一种方法，缅甸农业开发银行（MADB）不断增加农业贷款，其一直是农村地区唯一的官方信贷提供者，农作物贷款额度比 3 年前（2016 年）增加两倍。然而，该项贷款只为每户最多 10 英亩的土地提供融资，超过 10 英亩的家庭户必须寻求额外的资金支持。尽管该项贷款严重偏向于稻谷生产，其贷款额度占总贷款的 88%，但对种植水稻的农民来说也是一种解燃眉之急的办法。

为增加对稻农的贷款，缅甸政府鼓励私营部门成立稻米专业公司（以下简称 RSC）。私营公司以大米出口许可证的形式获得信贷奖励，条件是它们必须参加合同农业计划。RSC 向农民提供作物贷款以及优质种子和化肥作为一揽子计划。收款农民以实物或现金偿还。2012 年底，缅甸已建立超过 50 个的 RSC，但受 2012 年洪水影响引发大规模违约，大多数 RSC 公司于 2013 年停止运营。

2012 年小额信贷作为缅甸官方金融机构的合法化对农村地区的金融格局产生了巨大影响。2012 年《小额信贷法》颁布后，本地和外国机构进入该行业的新成员迅速增加。截至 2017 年 7 月，小额信贷机构的数量增至 168 家。此外，2010 年以来，合作社和政府主导的村庄循环基金成为新的信贷提供者。信用合作社在缅甸有着悠久的历史，合作社能满足农村地区的信贷需求。

尽管缅甸政府努力增加农村地区的信贷供应，但非正式信贷并没有消失。

非正式信贷来源包括亲戚、朋友、村民、金店、雇主、商人、放债人和乡村共同基金。一些管理村庄的共同基金，利用自身的资源或从外部捐款以合理的利率发放贷款，以满足村民对健康、教育和宗教活动的信贷需求。但是，非正式信贷的利率普遍较高，每月10%～20%不等，没有抵押品。官方信贷供应增加迫使非正式贷款利率下降，2012—2017年在缅甸中部干旱地区贷款利率降为每月1.3%～5.2%，2011—2016年在缅甸三角洲地区贷款利率降为每月1%，但整体上该利率仍然远高于官方利率，后者为每月0.8%～3%。

四、越南金融市场

（一）发展历程

1. 证券市场

证券市场作为金融市场的重要组成部分，越南证券市场可位居世界上发展较快的证券市场行列。2000年，越南胡志明市证券交易中心成立，标志着越南证券市场的诞生。2003年，越南投资基金管理股份公司正式开业，并于2005年3月在河内证券交易中心上市。

胡志明市证券交易所被定位为主板，河内证券交易所被定位为中小板。2006年5月，越南国家总理签署2005年7月27日第189/2005/Q Đ-TTg号有关成立越南证券登记结算中心（VSD）的决定。

2000年，越南胡志明市证券交易中心仅有两只股票上市，2020年6月，上市证券数量增至380个，投资者账户达到230万个，市值超过了2.8万亿越南盾，相当于越南国内生产总值的57%。

2. 债券市场

2000年以前，债券市场中主要是政府发行的债券，各个债券名称不一，比如有国家公债、国库券等。当时的国有商业银行也采用存款凭证（期限超过一年的）的方式发行。债券基本不能流通，仅出现在一级市场。自2000年胡志明市证券交易所（Ho Chi Minh City Stock Exchange）成立后，一些越南债券在该中心挂牌交易，这象征着越南债券二级市场的萌芽，极大地促进了越南政府债券市场的发展。

2003年11月，越南政府颁布了第141/2003/N Đ-CP号议定，从此建立了政府债券发行并担保的法律框架。2005年3月，河内证券交易中心正式营业，组织债券竞价市场是其主要职责之一。2009年6月，河内证券交易中心正式运行，标志着越南债券市场再一次得到了发展。

越南证券市场20年发展报告显示，越南自2009年启动债券市场以来，越南债券市场年均增长率达到了31%，已经成为政府的重要融资渠道。在2010年到2015年5年间，为越南财政筹集到了接近800万亿越南盾，相比于前5年间增长了17倍。

3. 保险市场

1986年以来，越南进行了一系列经济和保险业改革，成效显著。随着越南金融自由化步伐的加快，保险市场也得到了快速发展，2000年越南颁布了《保险法》。2006—2018年年均增长率达到20%，截至2018年，越南全国有63家保险公司、14家经济保险公司和1家外国非寿险保险公司分支。总保费收入达133万亿越南盾，同比增长24%。保险业总资产达384万亿越南盾，同比增长21%。2019年末越南总保费收入达1852140亿越南盾，总资产达4624620亿越南盾。

（二）总体概览

1. 银行间市场

银行间市场指银行间同业交易的市场，包括银行间外汇市场和银行间货币市场（同业拆借市场）。货币资金的多少在一定程度上决定了拆借利率的大小。越南银行间同业拆借利率由金融机构决定，虽然越南中央银行给予其一定限制，但还有很大的调节空间。

2012年以来，越南银行间同业拆借利率变动频繁，整体上呈现下降趋势，仅2019年1月至2020年5月，经历了四轮涨跌。2019年1—8月，越南国家银行通过公开市场渠道回笼资金累计98.487万亿越南盾，2019年8月，越南国家银行通过发行国库券实现净回笼资金2.98万亿越南盾。具体地，国债发行额41.999万亿越南盾（期限为7天，利率为2.75%），开展了38.999万亿越南盾逆回购操作。此外，越南国家银行已通过公开市场操作渠道（OMO）新发行价值为204亿越南盾的票据，利率为4.75%。

银行间拆借利率主要反映银行间市场的流动性情况，波动较大。2012年，越南银行间利率也一度很高，主要是小银行出现了流动性危机，大银行不愿意向小银行提供融资，导致拆借利率上涨。2020年6月，越南银行同业拆借利率最低达到2.3%，后续便继续回升，银行拆借利率还处于较低水平，越南银行业流动性基本处于稳定状态。

2. 外汇市场

（1）越南汇率制度

越南与中国一样实行有管理的浮动汇率制度，越南中央银行基于上一日银行间市场越南盾兑美元汇率以及国内具体情况，发布当日银行间市场中间汇率。商业银行以及其他金融机构的报价必须在中间汇率上下有一定浮动，而越南盾兑换其他货币的汇率，越南商业银行可以自行制定，不受限制。

（2）越南外汇交易情况

越南外汇交易品种有远期交易、掉期交易、即期交易等，越南外汇期权被暂停，外币兑外币的期权交易量非常小。总体来说，越南外汇市场属于初始阶段，可兑换的货币仅是自由兑换货币。越南盾在境外交易额非常少，流动性较差。由于人民币不是自由兑换货币，中越小额边境贸易结算汇率由边境地区银行和"地摊银行"决定。

（3）越南外汇储备情况

越南外汇储备一直呈上升趋势，2020年3月达813.02亿美元。外汇储备的增多，表明越南抵御汇率变动风险的能力增强。但是，从总储备量看，由于市场容量小，外汇储备量也相对较少，导致越南政府对外干预能力有限，一旦遇大额交易冲击，便会造成市场无法消化的剧烈波动。

（4）越南外汇黑市发达

越南政府推行"去美元化"政策，增强越南盾的市场地位，大力鼓励越南经济实体和居民使用越南盾，只有符合规定的国际贸易、留学、投资等才可购买外汇汇出，官方价格难以市场化，私下套汇的现象非常普遍，外汇黑市可兑换任何币种的外汇，而且汇率比官方公布的优惠较多。

3. 信贷市场

越南金融机构总资产逐年增加，2020年3月达124829120.00亿越南盾，不良贷款率（不良资产占未偿资产的比率）逐渐下降至1.63%（2019年12月末）。表明越南银行业实力不断增强，为信贷业务扩张提供了有力后盾。

截至2020年6月，越南经济实体存款总量为41340460亿越南盾，与2019年相比增长4.32%。储蓄存款总量为50759510亿越南盾，与2019年相比增长5.09%，总体流动性111184230亿越南盾，相比2019年增长5.15%。这表明越南银行存款基本面处于稳定状态，保持着稳定增长。

越南金融体系存款用于贷款和投资的比率高达87.41%，比率过高，存在较大兑付风险，特别是金融公司和租赁公司，高达283.7%，隐藏着较大的金融风险。

4. 股票市场

当前越南有两个证券交易所，胡志明市证券交易所（主板）和河内证券交易所（中小板）。胡志明市证券交易所数据显示，越南上市股票数量一直增多，截至2020年8月，该所上市股数已有459股。在2010年，胡志明市证券交易所股票市值不足500万亿越南盾，2019年10月已接近3500万亿越南盾，涨幅接近7倍。

受经济大环境整体向下的负面冲击，越南股市经历了2019年10月到

2020年3月的股市暴跌。胡志明市证券交易所提供股票市场指数显示，2020年8月股指为881.65，股市有回升趋势，市值回升至31186430亿越南盾。

5. 债券市场

（1）越南债券市场结构

越南债券主要包括政府债券、政府担保债券、企业债券三类。政府债券主要包括以下几种：

一是由越南财政部发行的国家债券，其筹资主要用于国家预算和国家级投资项目。如国库券（期限一年以上）、国家建设公债（期限一年以上）、国库信票（期限一般是13、26、52周）。

二是地方政府债券。政府担保债券是指非政府机构，如企业、财政机构、国家政策性银行、信贷机构等发行的获得越南政府当局保证支付的债券，安全性相对于一般企业债券较高。

三是企业债券。企业债券指一些大型上市公司、信贷机构发行的债券。债券的发行方式主要有招标、担保和零售发行，国库信票则可根据越南国家总理的决定直接向越南国家银行发行。

（2）债券市场规模及债券收益

截至2020年8月底，越南发行的买断式交易公债市值高达61273亿越南盾，而回购式交易的公债市值为23643亿越南盾、占比67.94%，政府担保债券11159亿越南盾、占比32.06%。其中，1年期债券年化利率为0.5%左右，5年期的年化利率为1.79%，20年期债券的年化利率为3.53%。

（3）债券的结清算及监管

越南债券的结算主要通过越南证券登记结算中心办理清算与结算。其中，资金收付由越南投资与发展银行办理。监管机构主要包括越南财政部、越南国家证券委员会和越南国家银行。

（三）案例介绍：胡志明市证券交易所

1. 发展历程

2000 年 7 月，胡志明市证券交易中心（HoSTC）成立，现称为胡志明市证券交易所（HOSE），它是越南第一家集中式的股票交易市场。HoSTC 的成立使越南证券市场进入规范运作阶段，旨在为经济发展建立有效和长期的资本筹集渠道。2007 年 8 月，HoSTC 转型为 HOSE，使越南证券市场更接近该地区和世界各地的其他发达市场。

为适应市场的快速发展，满足经济改革和企业重组的需要，2007 年 5 月 11 日，越南总理签署了第 599/QD 号决定，将该中心改为胡志明市证券交易所（HOSE），以有限公司（其中，财政部持有 100%股权）的模式运作。

2011 年，HOSE 研究和构建了 VN30 指数，包括市值前 30 名的股票，约占整个市值的 80%，交易价值的 60%，流动性良好。为了满足市场需求，HOSE 还实施了 MB 订单，并正研究建立 ETF（交易所交易基金）产品，以投入交易。

2015 年，HOSE 成为联合国可持续证券交易所（SSE）倡议的合作伙伴。在运营过程中，HOSE 始终将市场增长与环境、社区责任和公司治理相关的可持续发展标准联系起来。

2. HOSE 收入来源

HOSE 收入来源主要包括三个部分：专业活动收入、服务提供收入、金融活动收入。2020 年，HOSE 总收入接近 10520 亿越南盾，比 2019 年增长近 37%。其中，专业活动收入占 86.36%，达到 9085 亿越南盾，较 2019 年增长 42.1%。服务提供和金融活动收入分别达到 847 亿越南盾和 588 亿越南盾，比 2019 年分别增长 13.6%和 8.2%。

3. 2020 年股票交易情况

2020 年 HOSE 日均交易额达 64250 亿越南盾，比 2019 年增长 55.65%。

2020 年日均交易量超过 3.51 亿只，较 2019 年增长 92.66%。截至 2020 年 12 月 31 日，HOSE 总市值达到 4080 万亿越南盾，比 2019 年增长 24.4%。

得益于良好的政策、稳定的宏观经济、成功控制流行病，越南指数快速恢复，流动性大幅增加，参与市场的投资者数量急剧增加。越南股市在市值增长方面是东盟的领先者，在交易价值增长方面位居第二（仅次于马来西亚）。

2020 年，胡志明市证券市场资本总额达到 40.8 万亿越南盾，占越南全国股票市场资本总额的 95.5%，占 GDP 的 64.84%。有 30 家上市公司的市值超过 10 亿美元，其中包括 13 家银行。市值最高的行业分别是：金融、房地产和消费必需品业。2000 年以来，上市公司募集资金总额累计超过 3362400 亿越南盾；国有企业股票发行（IPO）350 次，收益超过 748240 亿越南盾。

4. 胡志明市证券交易情况

截至 2021 年 12 月 31 日，在胡志明市证券交易所上市的证券代码共有 533 个。其中，股票代码为 404 个、封闭市基金代码 3 个、ETF 基金凭证代码 8 个、债券代码 5 个、备兑权证代码 113 个。

五、泰国金融市场

（一）发展历程

泰国曼谷作为东南亚经济中心之一，吸引众多大型国际投资公司，为泰国的金融市场带来了激烈竞争，也促进了行业整体快速发展。

目前，泰国的券商市场主要由四类机构组成：由本土资本建立的证券公司；由本土银行、金融集团建立的证券业务子公司；外国大型证券公司或金融集团在泰国设立的分公司；大型国际私人银行、资管公司在泰国设立的分公司。这四种不同背景、不同风格、不同目标的证券公司共同构成了多元化、自由化、国际化的泰国资本市场。

本土资本建立的证券公司由于缺乏资金支持和客户渠道，大多为中小型规模，主要服务泰国本土客户，在全球市场业务方面也相对较少。

由本土银行、金融集团建立的证券业务子公司是泰国证券市场的核心部分。与 Kiatnakin bank 合并为 Phatra Capital 集团的 Phatra 公司（排名第一）和 Bangkok bank 旗下的 BLS 等具有泰国本土银行背景的公司占据了最大的市场份额。中国工商银行也入股了排名第 2 的 FINANSA 基金旗下的 FSS 公司，占股 10%。这部分证券公司资本雄厚、实力强大，拥有大量银行网点支撑的获客渠道，大部分外国人在选择证券公司时也会直接选择其所持有的银行卡旗下公司。

由外国大型证券公司或金融集团在泰国设立的分公司同样极具竞争力。这部分公司主要来自日本、新加坡、马来西亚等亚洲国家，如日本的野村证券、马来亚银行等，它们拥有先进的管理理念、丰富的资本市场经验，以及大量的资本支持，既拥有本国的客户资源，又立足泰国本土，抢占当地市场，整体实力强劲。

大型国际私人银行和资管公司在泰国设立的分公司，由 JPMorgan、瑞士银行等大型国际机构组成。这部分公司主要服务机构客户和私人银行客户，以基金形式进入泰国市场。

（二）总体概览

1. 股票指数

泰国股票市场发展较快，其股指在 2021 年 4 月 1 日达 1583.1（1975 年 4 月 30 日 = 100），相较于 2021 年 3 月 1 日的 1587.2 有所下降。泰国股票市场指数按月更新，1975 年 4 月 1 日至 2021 年 4 月 1 日期间平均值为 656.7，共 553 份观测结果。该数据的历史最高值出现于 2018 年 2 月 1 日，达 1830.1，而历史最低值则出现于 1976 年 3 月 1 日，为 77.6。

2. 股票市值

泰国股票市值在 2021 年 5 月 1 日达 583742.039 百万美元，相较于 2021 年 4 月 1 日的 576320.300 百万美元有所增长。泰国股票市值数据按月更新，1995 年 1 月 1 日至 2021 年 5 月 1 日期间平均值为 156518.306 百万美元，共 317 份观测结果。该数据的历史最高值出现于 2021 年 5 月 1 日，达 583742.039 百万美元，而历史最低值则出现于 1998 年 8 月 1 日，为 17410.830 百万美元。

泰国股票市值占国内生产总值的比重在 2020 年 12 月 1 日达 102.8%，相较于 2019 年 12 月 1 日的 99.8% 有所增长。泰国股票市值占国内生产总值数据按年更新，1975 年 12 月 1 日至 2020 年 12 月 1 日期间平均值为 40.8%，共 46 份观测结果。该数据的历史最高值出现于 2017 年 12 月 1 日，达 116.1%，而历史最低值则出现于 1975 年 12 月 1 日，为 1.7%。

3. 市盈率

泰国股市市盈率在 2021 年 8 月 10 日达 25.870，相较于 2021 年 8 月 1 日的 27.200 有所下降。泰国股市市盈率数据按日更新，2003 年 2 月 1 日至 2021 年 8 月 11 日期间平均值为 15.930，共 4545 份观测结果。该数据的历史最高值出现于 2021 年 4 月 2 日，达 41.670，而历史最低值则出现于 2008 年 10 月 29 日，为 5.850。

4. 银行贷款利率

泰国的银行贷款利率在 2021 年 6 月 1 日达 5.415% 年利率，与 2021 年 5 月 1 日的 5.415% 年利率持平。泰国银行贷款利率数据按月更新，1983 年 1 月 1 日至 2021 年 6 月 1 日期间平均值为 7.500% 年利率，共 462 份观测结果。该数据的历史最高值出现于 1984 年 10 月 1 日，达 17.000% 年利率，而历史最低值则出现于 2021 年 6 月 1 日，为 5.415% 年利率。

5. 短期国债收益率

泰国短期国债收益率在 2021 年 5 月 5 日达 0.445% 年利率，相较于 2021

年 4 月 29 日的 0.447%年利率有所下降。泰国短期国债收益率数据按日更新，1999 年 9 月 15 日至 2021 年 5 月 5 日期间平均值为 2.09%年利率，共 5291 份观测结果。该数据的历史最高值出现于 2006 年 4 月 17 日，达 5.26%年利率，而历史最低值则出现于 2021 年 4 月 1 日，为 0.34%年利率。

（三）案例介绍：泰国证券市场

泰国最早建立的证券交易所是曼谷证券交易所，它于 1962 年建立。由于交易所内交易清淡，不久就关闭停业。1974 年，泰国建立了泰国证券交易所（SET），泰国的证券业重新起步，几经波折，日趋成熟。

1. 证券市场结构

目前，泰国的证券市场分为两个：主板市场 SET 与二板市场 mai。SET 市场为泰国证券交易所主板（一板）市场，是规模较大、成立时间长且具备一定盈利能力的公司筹集资金的市场。

挂牌条件：上市时实收资本额达 3 亿泰铢以上（约为 6400 万元），经营时间不少于 3 年，最近 2~3 年间净利润不低于 5000 万泰铢，且上一年度净利润不少于 3000 万泰铢。截至 2020 年 5 月，SET 共有上市公司 555 家。

mai 市场是泰国的二板市场，泰国的 mai 市场与中国的创业板市场类似，上市门槛相对较低，旨在为具有高增长潜力的创新企业提供融资机会，也为投资者带来更多投资选择。因此，mai 市场多为中小型或高成长型企业。

挂牌条件：上市时实收资本额达 2000 万泰铢以上，经营时间不少于 2 年，或经营时间少于 2 年但市值超过 10 亿泰铢。截至 2020 年 5 月，mai 共有上市公司 169 家。

2. 证券市场发展现状

（1）市值

截至 2020 年 5 月，泰国证券交易所市值约为 3740 亿美元，不到上海证券交易所的 1/10，约等于一个半的贵州茅台。与中美等世界领先的交易所相比，

SET 的规模简直不在一个量级，在世界范围内，大约排在第 30 位。在东盟五国中，SET 市值规模仅次于新加坡交易所。

（2）日均成交量

虽然市场规模较小，但 SET 平均日成交量位居东盟第一，是新加坡的将近 2 倍。事实上，泰国证券市场的高活跃度与其投资者结构密切相关。

（3）投资者结构

根据 SET 统计，在泰国证券市场中，外国投资者所占份额为 39%，本土散户仅占 37%。较高的开放度和大量的外国投资者不仅提供了交易量，也带来了更多潜在收益。

（4）股息收益率

泰国证券市场最大的特点在于较高的股息收益率，也就是现金分红与股价之比。2010 年至今，始终维持在 3.5% 左右，很多优质企业年股息收益率 10%。因此，部分泰国投资者喜欢长期持有龙头股。

3. 案例总结

（1）优势

整体来看，泰国证券市场规模小，上市公司数量少（SET 与 mai 共 724 家），对投资者来说，更容易分析市场，更容易选中牛股。此外，泰国证券市场股息收益率高，更适合长期价值投资。对外国投资者限制较少，中国投资者在泰国只要有一年以上长期签证就可以开通证券账户进行自由投资。

（2）劣势

主要在于语言与风险。虽然泰国各家证券公司的交易系统均支持英文，甚至个别还提供中文服务，但上市公司的公告与信息大部分仍是泰文，难以逾越的语言障碍，必然导致一定程度的信息不对称，影响投资者的投资决策。

六、柬埔寨金融市场

（一）发展历程

1. 证券市场

2006—2009 年，柬埔寨经济与财政部（Ministry of Economic and Finance，MEF）和韩国交易所（Korea Exchange）就建设柬埔寨证券交易所，签订了两份重要备忘录及一份合资协议。2010 年 2 月 23 日，柬埔寨证券交易公司（The Cambodia Securities Exchange Co., Ltd；CSX）正式注册成立。按照合资协议，该交易所的注册资金中 MEF 占比 55%，韩国交易所占比 45%。

柬埔寨证券市场起步较晚，不太成熟，发展相对较慢，短时间内无法发展起来。2012 年 4 月，柬埔寨证券交易所正式开始进行证券交易，截至 2019 年 8 月 31 日，证券市场共有 6 家公司上市。

2. 保险市场

柬埔寨保险市场的发展始于 1956 年，1975 年政局原因导致保险行业被迫停滞。20 世纪 90 年代后期保险市场重新起步发展，但是只出台了部分法规以满足经济发展需要。2000 年 8 月，柬埔寨经济与财政部颁布了有关"金融业部门组织和运作"的法律法规，同时明确了当前柬埔寨金融工业部保险部门的主要目标，"加大保险业的发展，着重聚焦在诸如行业法规、监督与管理框架、机构组织框架等方面"，该目标旨在提高保险市场规范程度、公民信任程度以及监管透明程度。

当前，柬埔寨保险市场仍然处于发展阶段，每一年均有许多市场机构进入保险业。2012 年，柬埔寨首家人寿保险公司——柬埔寨人寿保险（Cambodia Life）正式成立。该公司由柬埔寨财经部和 4 家外国保险公司合资成立，双方持股比例为：柬埔寨财经部占 51%、4 家外国保险公司占 49%。

截至 2018 年，柬埔寨全国共有 59 家保险公司，12 家普通保险公司、8 家人寿保险公司、8家小型保险公司、12家相互保险公司、16家保险经纪公司、1家再保险公司和2家风险评估公司。

3. 外汇市场

柬埔寨目前实行的是有管理的浮动汇率制度，柬埔寨央行规定的汇率包括官方汇率、市场汇率两部分，每日这两种汇率之差为±1%。官方汇率以前一天的日平均市场汇率为基础，根据市场流动性进行调整，主要用于银行及金融机构会计核算、海关估值及政府外汇交易。柬埔寨国家银行可以通过干预外汇市场保持汇率的稳定。其中，资本和金融项目外汇管理政策如下。

直接投资：超过等值1万美元（含）的境外直接投资需提前申报，外国投资者在柬埔寨的投资应事先获得柬埔寨发展委员会批准。外商直接投资的清算收益可依据柬埔寨投资法条款自由转账；资本和货币市场工具非居民可在当地购买证券。在一级市场，认购股票的20%为柬埔寨投资者预留，剩下的80%供居民和非居民投资。若以上分配没有实现，柬埔寨证券交易委员会会长可再分配。二级市场交易对非居民没有限制。非居民也可在本地销售或发行证券，发行公司可以是注册的股份有限公司或柬埔寨允许的其他公司形式。

信贷业务：柬埔寨规定，只有经由本国授权的中介机构允许，柬埔寨进出口贷款、借债才可在本国居民和非本国居民之间自由流动。本国居民没有通过银行、金融机构对非本国居民放贷的权利；反之，当本国居民从银行获得非本国居民贷款时必须缴纳12.5%的准备金。

金融机构外汇业务管理政策如下。

银行业：柬埔寨银行类金融机构禁止向境外居民或机构发放贷款（贷款包括租赁贷款以及所有签约担保），当银行借用外债时应计提贷款总金额12.5%的准备金。居民和非居民账户外汇存款准备金率为12.5%，瑞尔存款准备金率为8%。银行需保持50%的流动比率。银行必须保持单一币种净头寸和所有币种的总净头寸不超过资本的20%。

货币兑换机构：截至2016年底，柬埔寨共有持牌货币兑换机构73家，授权货币兑换机构2212家。柬埔寨没有正式的即期外汇市场，货币兑换机构可自主确定买卖纸币及旅行支票的汇率。根据柬埔寨的外汇政策规定，外汇经纪人允许在批准的范围内经营外汇业务，维护海外银行账户，买卖外汇以及旅行支票。

4. 信托市场

柬埔寨2019年通过《信托法》，规定了信托公司的种类和业务。柬埔寨目前信托公司不超过3家。信托公司可经营资金、股权和实物信托等业务。

5. 其他

第三方支付公司、小微贷款公司、典当公司、金融租赁公司、外汇、期货交易所、货币兑换、农村信用社。柬埔寨第三方支付服务分为两类：一是专门从事支付业务的专业银行，比如Wing；二是专门从事第三方支付服务的数码支付公司。柬埔寨微型贷款机构分为可吸收公众存款的小微贷款机构和不可吸收公众存款的小微贷款机构。根据柬埔寨国家银行（NBC）统计，截至2018年末，柬埔寨境内有73个持牌小微贷款机构，包括7个可吸收公众存款的小微贷款机构。

根据柬埔寨国家银行的数据，截至2018年第一季度，柬埔寨共有433家银行和金融机构，包含39家商业银行、12家外国银行、12家本地银行和15家子银行，以及15家专业银行（含1家国有银行）。其余的是379家微型金融机构（MFIs）：总体服务70家、存款7家、农村信贷机构302家。2020年1—6月，该行业的资产相当于149万亿瑞尔（约370亿美元），同比增长17.5%，归因于贷款和存款的增长。

（二）总体概览

1. 证券市场

2010年2月23日，柬埔寨证券交易所注册成立。柬埔寨证券交易所由柬埔寨经济与财政部和韩国交易所共同出资设立,柬方出资额占注册资本的55%,韩方出资额占注册资本的45%。柬埔寨证券交易委员会(SECC)协助政府对柬埔寨证券市场进行监管。2015 年底,柬埔寨证券市场分为成长板和主板市场。任何上市公司均可申请从成长板转向主板,但需要向 SECC 提交申请并达到主板的要求。目前,在柬埔寨证券交易所(CSX)上市的公司有 7 家,分别是:金边水务局(PPWSA)、Grand Twins 制衣(GTI)、金边自治港(PPAP)、金边经济特区(PPSEZ)、西哈努克自治港(PAS)、爱喜利达银行(ABC)、马来西亚电力公司(PEPC)。

2. 保险市场

2016 年,柬埔寨寿险市场起步发展,其经营业务主要分为定期寿险、终身寿险、批单、团体业务等产品。截至 2018 年末,柬埔寨寿险保费收入共计 1 亿美元,相较上年增长 50.582%,年保费总收入同比 2016 年翻了 1.32 倍。

柬埔寨财险市场的发展明显快于国内其他保险市场,财险也更受境外资本的青睐。由于地理气候的特殊优势,财产险承保条件明显优于其他保险。柬埔寨未曾发生地震、台风类巨灾风险损失,财产险的赔付案件主要集中在洪水、火灾类事故,使得财产险赔付率长期处于较低水平(2013—2018 年间财产险的平均赔付率为 28.92%),财险类公司的综合成本低、盈利能力强,这也是境外资本选择财产险市场的主要原因。

截至 2018 年末,柬埔寨财产险市场共有 12 家财险公司实现保费收入,市场占有率超过 5% 的有 6 家,其中柬埔寨投资的保险公司为 Infinity 和 Caminco,分别排在第 2 位和第 6 位,其余 4 家均为外资公司。

3. 外汇市场

(1)柬埔寨汇率:瑞尔兑美元

柬埔寨的兑美元汇率在 2020 年 7 月 1 日达 4092.174 瑞尔/美元,相较于 2020 年 6 月 1 日的 4088.714 瑞尔/美元有所增长,且 1957 年 7 月 1 日至 2020 年 7 月 1 日期间平均值为 2681.000 瑞尔/美元,共 579 份观测结果。该数据的历史最高值出现于 2010 年 8 月 1 日，高达 4239.182 瑞尔/美元，而历史最低值则出现于 1969 年 7 月 1 日，为 35.000 瑞尔/美元。

（2）柬埔寨官方汇率：瑞尔兑美元

柬埔寨的官方兑美元汇率在 2020 年 8 月 1 日达 4105.000 瑞尔/美元，相较于 2020 年 7 月 1 日的 4099.000 瑞尔/美元有所增长，且 1996 年 1 月 1 日至 2020 年 8 月 1 日期间平均值为 4031.000 瑞尔/美元，共 296 份观测结果。该数据的历史最高值出现于 2010 年 7 月 1 日，达 4237.000 瑞尔/美元，而历史最低值则出现于 1996 年 2 月 1 日，为 2549.000 瑞尔/美元。

（3）柬埔寨官方汇率：瑞尔兑欧元

柬埔寨的官方兑欧元汇率在 2020 年 8 月 1 日达 4889.000 瑞尔/欧元，相较于 2020 年 7 月 1 日的 4867.000 瑞尔/欧元有所增长，且 2000 年 12 月 1 日至 2020 年 8 月 1 日期间平均值为 4980.000 瑞尔/欧元，共 237 份观测结果。该数据的历史最高值出现于 2020 年 6 月 1 日，达 6462.000 瑞尔/欧元，而历史最低值则出现于 2001 年 7 月 1 日，为 3307.000 瑞尔/欧元。

（三）案例介绍：西哈努克自治港（PAS）

PAS 成立于 1956 年，是一家国有公共企业，其经营服务包括为进出港口的船只提供导航、货物装卸、货物运输、货物储存和仓储，以及运输服务。目前，PAS 还经营一个经济特区，为工厂、货物装卸和运输提供土地租赁，并在港口和经济特区提供证券服务。

PAS 是柬埔寨唯一的深海港口，面积 125 公顷，位于西哈努克省，与各种交通工具相连，包括陆路（国道 3 和 4 号）、铁路（与金边和坎布相连）、空中（与暹粒和金边相连）。

PAS 位于泰国湾，这是一个战略要地，可方便地进入东盟和亚太市场，而无须在该地区其他港口过境。2010—2014 年，货柜吞吐量稳步上升，年增长率为 9.36%，由 222928 标准箱增至 333904 标准箱；2015 年，约有 391819 标准箱通过 PAS，比 2014 年增加 17.34%；PAS 占所有通过柬埔寨国际海港运输集装箱的 73.01%，成为该国最繁忙的港口；2016 年上半年，集装箱吞吐量为 196026 标准箱；2018 年，PAS 成功完成了多功能港口设施的开发，西港货柜吞吐量为 541228 标准箱，较 2017 年增加了 81389 标准箱，增长 17.70%；2019 年，PAS 的集装箱吞吐量为 639211 标准箱，比 2018 年增加 97983 标准箱，增长 18.1%。

2020 年第二季度，PAS 的总收入为 75625617000 瑞尔，比上年减少 7.44%；净利润为 8340124000 瑞尔，与 2019 年同期相比增长 632.48%。截至 2020 年 6 月 30 日，总收入为 147333398000 瑞尔，同比减少 2.63%；净利润为 9160519000 瑞尔，同比减少 6.38%。

第三章　金融合作

　　金融合作是指参与各方在区域金融稳定、区域金融市场发展及区域金融体系建设等方面的合作，包括货币合作、金融市场合作、金融机构合作、金融监管合作与金融基础设施合作等在内的一系列双边、多边金融合作，其合作的形式主要有双边货币互换、代理清算（边贸）结算协议、合作备忘录或谅解备忘录等。其中，货币合作指参与各方在双边、多边汇率稳定以及采取共同货币等方面的合作，是金融合作的首要方面。金融机构合作既有全国大型金融机构的参与，也有地方性金融机构的参与。

　　各国参与金融合作时间的不同，决定了金融合作是一个渐进动态的发展过程。在这期间，参与方可能就金融合作的某一方面进行更深入的推进，却忽视了其他方面的合作或是意外暂停，参与方也会发生变动，从而使金融合作变得不确定，金融合作的形式在多元化和单一化中不断交替进行。

　　在地区层面，中国与境外国家开展金融合作，以东南亚国家（"东盟"）最为频繁和有效，尤其是云南周边的湄公河五国。自 20 世纪 90 年代以来，中国与东盟国家关系正常化后，便拉开了中国与东盟各国在政治、经济、安全方面对话与合作的序幕。1997 年亚洲金融危机的爆发，则进一步推进了中国与东盟乃至东亚的各类金融合作。2008 年全球金融危机爆发后，中国与东盟在双边本币互换、金融监管和金融机构等方面的货币金融合作尤为突出，其中又以签署双边（续签）货币互换协议最为典型。

　　本章综合概述中国与湄公河国家金融合作历程、现状，呈现的特征，指出云南在新时代对外开放与合作中的角色和路径，中国与湄公河国家金融合作的具体大事记参阅附录 B。

一、中国与湄公河国家金融合作状况

（一）中国与湄公河国家合作历程

综合考虑中国与湄公河国家金融合作的阶段发展特点和重要历史时间，金融合作历程可以细分为两个阶段，这两个阶段以 2016 年正式启动的澜湄合作机制为界，分别是 1992—2015 年的培育期和 2016 年至今的成长期。

1. 培育期（1992—2015 年）

追溯中国与湄公河五国的合作历史，不得不提及大湄公河次区域经济合作（Great Mekong Subregion Cooperation，GMS）。由 1992 年亚洲开发银行发起的 GMS，涉及流域内的 6 个国家，包括中国、缅甸、老挝、泰国、柬埔寨和越南，大湄公河次区域经济合作是澜湄六国合作的开端，为澜湄合作奠定了坚实的基础。1992—2015 年，中国与湄公河五国的金融合作阶段特征如下：

从货币合作的角度来看，2000 年东盟《清迈倡议》的通过是亚洲金融合作的最重要的制度性成果，对防范金融危机、推动进一步的区域货币合作具有深远意义。基于 2008 年全球金融危机的爆发，《清迈倡议》多边化协议也已于 2010 年 3 月 24 日正式生效，且协议总规模扩大为 1200 亿美元。

协议通过初期，除泰国外，中国并未与湄公河国家签署双边货币互换协议，但是根据《清迈倡议》，次区域各国虽份额各有不同，却均属于参与方。次区域国家在《清迈倡议》中共出资 401.8 亿美元，占总出资额的 33.47%（见表 3-1）。

表 3-1 澜湄六国在《清迈倡议》多边化协议中的份额及借款乘数

国家	金额（十亿美元）	占比（%）	借款乘数
中国*	34.20	28.50	0.5
泰国	4.77	3.97	2.5

续表

国家	金额(十亿美元)	占比(%)	借款乘数
越南	1.00	0.83	5
柬埔寨	0.12	0.10	5
缅甸	0.06	0.05	5
老挝	0.03	0.02	5
总计	40.18	33.47	—

注：中国*不包括中国香港、澳门、台湾数据。

从金融基础设施合作上来看，各国积极合作共同开展，提高了各国本币的使用率。在金融基础设施建设方面，中国与越南、老挝等国家的合作取得了较好的成绩。这表现在以下方面：1992年我国与越南签署基于边贸的本币结算协议，规定在国际贸易活动中减少使用美元作为交易货币；2002年中国人民银行与老挝央行签署边境贸易结算协定，减轻了双方外汇负担；2003年中国与越南共同签署《中越结算与合作协定》（修订）。这一系列举措促进了湄公河国家与中国双边金融合作关系，推动各国使用本币的交易活动。

从金融机构合作上来看，中国和云南周边国家的金融机构多次签署了边贸结算协议、金融合作协议、代理清算协议等。首先，中泰两国金融机构开始在对方国家互设分支机构，例如：泰国盘古银行在北京、上海、深圳等地都设有分行或代表处。其次，中老两国的金融机构合作也有所进展。2006年11月，中国国家开发银行与老挝中央银行签署金融合作协议，就资金方面的合作、互通信息、定期交流等事宜达成合作。2008年中国国家开发银行与老挝中央银行建立双边合作办公室，这将促进对外贸易投资，助力各地企业扩大与有关国家（地区）的金融合作。

2. 成长期（2016年至今）

2014年，中国倡导在中国—东盟（10+1）框架下探讨建立澜沧江—湄公河机制。2016年，澜湄合作机制正式启动，"确立共建面向和平与繁荣的澜湄国家命运共同体，树立为以合作共赢为特征的新型国际关系典范"。在此阶段，我国与湄公河五国的金融合作顺利开展，在此时期的金融合作阶段特征如下：

从货币合作的角度来看，2017年11月24日，在澜湄合作滇池论坛上，会议代表提出，加强澜湄国家间货币流通、推进人民币"向南"国际化发展，对澜湄国家间经贸合作、商品流通有着极大的促进作用。中国、老挝、缅甸、越南四国实行金融管制制度，柬埔寨和泰国实施开放的金融制度，两种金融体制的互补性是澜湄六国建立金融合作的基础。

从金融基础设施合作的角度来看，2019年中国与老挝、越南等国家签署双边结算与合作协议，改变了以往的以现金结算方式，将资金流动纳入银行正规结算渠道，进一步推动了金融一体化的发展。此外，中国还通过亚洲基础设施投资银行、丝路基金等新平台和新渠道，进一步支持次区域互联互通，为次区域的繁荣与发展提供有力保障。

（二）中国与湄公河国家金融合作现状

自2016年澜湄合作机制正式启动以来，中国与柬埔寨、老挝、缅甸、泰国、越南五国的金融合作已初步呈现"范围广、层次深、领域多"的基本合作特征及未来发展趋势，根据附录B"中国（云南）与澜湄国家金融合作大事记"，从金融合作较多的货币合作、金融机构合作及金融监管合作三个方面进行简要考察。

1. 货币合作广泛开展

一是中国与云南周边国家间本币互换日益增多。2016年起，中国与湄公河国家在货币合作上的力度不断加大，各国央行陆续与中国人民银行签订了货币互换协议，提高了贸易结算与计价中本币的使用率，为澜湄六国平衡国际收支、维护金融市场稳定性提供了充沛的流动性。目前，中国已与2个湄公河国家签订货币互换协议，分别为泰国、老挝，货币互换协议的签署可助力澜湄六国金融合作进一步深化、广化，为中国与湄公河国家的金融合作带来极大便利。

二是云南周边国家货币已初步实现与人民币的挂牌交易。2018年2月，中国人民银行批准人民币兑泰铢可在银行间外汇市场进行交易，人民币兑泰铢从区域交易转变为直接交易；2020年6月，人民币兑柬埔寨瑞尔直接报价及交易在柬埔寨落地，在中国银行间市场人民币兑换瑞尔已经实现区域性交易。自滇桂沿边金融综合改革试验区建设起，人民币与越南盾和缅币试水"自由兑换"取得了实质性进展：2014年我国首次实现人民币兑越南盾的直接报价兑换。

三是云南周边国家逐步将人民币纳入外汇储备。随着"一带一路"倡议的贯彻落实，湄公河国家对人民币的信心明显增加，将人民币纳入外汇储备的意向也在加强。截至2020年，柬埔寨、泰国等国家已经将人民币纳入官方外汇储备中，在湄公河国家，人民币逐渐发挥价值储备的国际货币职能。

2. 金融机构双边合作增加

云南周边国家的银行在中国设立了一系列分支机构。截至2019年8月底，湄公河国家在中国已设立了许多银行机构，其中泰国在中国的银行分支机构相对较多：泰国的泰京银行、泰华农民银行、盘古银行在中国总共有11家分行，双方金融机构的合作领域不断拓展。

3. 金融监管合作对象增多

2008年以前，中国与泰国签订了双边监管合作备忘录；2008年后，增加了老挝和柬埔寨两国。中国与缅甸至今仍未签订金融监管方面的合作文件。因此，从对象国数量和签署的合作协议数量看，中国监管当局与湄公河国家开展的金融监管合作国逐渐增多，但与个别国家尚无金融监管方面的合作。

二、中国与湄公河国家金融合作特征

一是中国与湄公河流域较发达国家的货币合作较多。在湄公河流域国家中，与中国具有紧密货币合作关系的国家主要是泰国。2000年以来，泰国与中国签署货币互换协议（含续签）3次，而且根据双方约定，货币互换到期后可以续签，一般有效期为3年，互换规模也可以扩大。之所以与泰国开展较为紧密的货币合作，与该国的金融开放程度密切相关，相对于其他湄公河国家而言，泰国的金融开放度更高，双边的金融合作更为便捷和有效。

二是中国与湄公河国家的金融机构合作较多。1991年，自中国与周边国家恢复正常外交关系后，我国银行机构开始逐渐恢复与湄公河国家的金融合作项目，其中以中国建设银行、中国工商银行、中国农业银行等为首的一批中国金融机构与湄公河国家的金融机构合作项目日益增多，具体合作集中在签订个体层面的双边贸易结算协议，机构之间日益频繁的金融合作对中国与湄公河国家的边境贸易、跨境投资起着重要作用。

三是中国与湄公河国家金融机构合作更加多元化。中国与柬埔寨、老挝、缅甸、泰国、越南五国的经贸往来日益密切，双方机构在金融合作的深度与广度上均得到持续显著的提升，业务范围从过去单一性的国际结算逐步拓宽至信贷、代理以及股权投资等业务，双边结算业务也有所深化。

四是金融合作受限于各国金融发育程度。一般而言，国家与国家之间若经济增长速度存在的同步性越明显，各国遭受的宏观经济冲击则越相似，国家间的金融合作成本也就越低。基于自然、历史、政局等诸多方面原因，澜湄六国之间的经济水平存在较大差异。整体看，在澜湄国家内部，中国与泰国的经济水平相似度较高、经济增长速度较稳定，而越南、柬埔寨等湄公河国家经济增长速度虽然在提升，但是整体国民经济水平相对较低。由于国家之间的经济水平存在较大差异，导致各国金融市场成熟度失衡，将阻碍我国与湄公河国家间的双边金融合作的开展。

三、新时代云南对外开放与合作角色

（一）近代云南对外开放的历程

近代云南对外开放历程可细分为以下三个阶段：1985—1990年的以边境

贸易为核心的沿边开放阶段、1991—2000 年的以东南亚为核心的开放阶段、2001 年至今的以自由贸易区为核心的沿边开放阶段。

1. 以边境贸易为核心的沿边开放阶段（1985—1990 年）

自改革开放以来，云南与周边国家或地区的边贸活动起着领头羊的作用，且占较大比重。20 世纪 80 年代后期，云南与周边地区边贸活动全面展开，云南对外贸易中边境贸易占比也大幅提升。1985—1990 年，云南对外贸易总量飞速增长，边贸总额从 4462 万美元上升至 20271 万美元，年平均增速为 35.3%（见表 3-2）。

表 3-2　20 世纪 80 年代云南省边境贸易情况

项目	1985 年	1986 年	1987 年	1988 年	1989 年	1990 年
云南贸易总额（万美元）	20953	26537	34217	44388	54768	54842
云南与周边三国贸易总额（万美元）	4462	5939	12614	23675	27167	22334
云南边境贸易额（万美元）	4462	5935	12425	23145	25294	20271
边贸占云南对外贸易比重（%）	21.3	22.3	36.3	52.1	46.2	36.9
边贸占周边三国贸易的比重（%）	100	99.9	98.5	97.7	93.1	90.7

资料来源：《云南统计年鉴》。

1985 年云南对外贸易中边境贸易只占 21.3%，1988 年，边境贸易占比已经达到 52.1%。1992 年，云南边境贸易总额占比仍达到了云南省外贸总额的 43.2%，其中，边境贸易中进口、出口额分别占比 55.7% 和 37.15%。云南与周边三国的贸易主要从边贸活动开始，1985—1990 年以年平均 38% 的速度高速增长，其中九成以上的贸易活动是以边贸形式展开的。

2. 以东南亚为核心的开放阶段（1991—2000 年）

1991 年后，东南亚国家经济进入快速发展阶段，加之中国与其关系逐渐正常化，如何携手周边国家共同开发大湄公河流域成为当时的热点话题。在此时期，中国与周边国家的关系进入历史最佳期，与云南省毗邻的越南、缅甸、老挝等国家扩大对外交往，共同的经济目标促使双方合作意愿愈加强烈。

大湄公河次区域经济合作（GMS）是以亚洲最重要的跨境河流——澜沧江—湄公河为天然纽带，将中国云南省、柬埔寨、老挝、泰国、缅甸、越南相互连接，组成一个天然的区域整体，进行包括交通、能源、通信、旅游、环境、人力资源开发、贸易和投资、禁毒八项领域的合作项目。同时，在该时期，我国批准设立了14个边境经济合作区，其中仅云南省就设立了3个，分别是河口、瑞丽以及畹町，河口接壤越南，其余衔接缅甸，这三个国家级合作区的设立为后续云南省边境贸易做出了巨大贡献。

3. 以自由贸易区为核心的沿边开放阶段（2001年至今）

2002年，《中国与东盟全面经济合作框架协议》的签署正式启动了中国—东盟自由贸易区的建设，它标志着中国与东盟经济合作进入新时代。随后中国与东盟国家又签署了一系列合作协议，合作内容不仅限于传统货物贸易，还包括投资、经济合作等诸多领域。

2001年至今，中国与湄公河五国的金融合作已取得举世瞩目的成就，产生诸如亚洲开发银行发起的GMS、泰国政府提出的"黄金四角"合作区、中国与越南两国政府一致通过的"两廊一圈"经济合作、我国发起和主导的新型周边次区域合作机制——澜湄合作机制等。

（二）云南跨境金融合作的现状

1. 总体合作状况

云南地处东盟10+1自贸区、GMS合作、泛珠江三角区域的交会处，因独特的地理位置，为云南跨境金融合作提供了良好的地理区位优势。自2013年6月23日云南省启动沿边金融综合改革试验区建设工作以来，云南允许外商投资企业外汇资本金结汇实行意愿结汇，给予企业降低汇兑风险的政策宽松空间，为外商投资企业的经营与管理、资金运作提供更多便利化支持。

云南省商务厅对外投资管理处公布的数据显示，截至2020年12月，全省银行结售汇总额119.31亿美元，其中，银行结汇52.01亿美元；售汇67.3

亿美元。资本和金融项目结售汇顺差 6.73 亿美元。

2020 年,云南省累计设立境外投资企业 888 家,累计直接投资 121.62 亿美元,涉及 61 个国家和地区。2020 年新增设境外投资企业 37 家,对全球 18 个国家和地区实现非金融类直接投资 10.17 亿美元,在受新冠疫情影响的情况下仍实现了同比增长 6.85%,投资额西部排名第 2 位,全国排名第 15 位,其中,对南亚、东南亚的投资约占投资总额的 62%。

2. 与湄公河国家合作现状

随着湄公河流域各经济体金融市场的不断开放,云南与湄公河国家的金融合作与日俱增。尤其是作为云南第三大贸易伙伴的泰国,是最早与云南展开跨境结算业务的国家之一,与云南长期保持着稳健的金融合作。

在与湄公河国家金融合作中,云南与越南、老挝、柬埔寨的金融合作呈现"发展速度快、影响程度深、辐射范围广"的基本特点和趋势。自越共九大后,越南对金融体制进行重大改革,金融业开放也取得巨大成就。在云南与越南的金融合作中,跨境本币结算业务别具一格,中越贸易的长足发展,为云南与周边国家开展跨境人民币业务奠定了优良的贸易基础,2012 年人民币结算额在越南已经占边贸成交额 90% 以上。

在老挝境内中国投资机构的经营业务最为顺利。1999 年,老挝经过新一轮金融体制改革,已初步建立开放特性的金融体系,加之中老合作协议的日益增多,中国企业对老挝的投资源源不断。其中,云南省本土的富滇银行股份有限公司已在老挝下设分支银行(中老银行),是中国第一家成功推出老挝基普兑人民币业务的银行。

云南与柬埔寨的金融合作有待发掘。虽然柬埔寨实施的金融政策在湄公河国家中开放度最高,其金融政策允许外国投资银行可持有柬埔寨境内设立分支机构的全部股份,且可享有本国国民待遇,但鉴于柬埔寨国内资金较匮乏,导致云南与其跨境金融合作仍然处于待深度挖掘阶段。

(三) 云南在对外金融合作中扮演的角色

自 2013 年"一带一路"倡议提出以来，中国与"一带一路"沿线国家的跨境金融合作不断深化，云南省作为中国跨境金融合作的"排头兵"也取得了斐然成绩，成为面向周边开放与合作的重要省区。

金融机构跨界合作层出不穷。云南省金融机构与周边国家的银行金融机构间搭建起跨境人民币业务合作桥梁，衍化产生了诸如清算行、代理行等清算渠道和结算模式，研发了各式跨境金融服务产品，推出了诸如东盟七国、越老缅、南亚等产品体系，跨境人民币业务的便利程度得到大幅攀升。与此同时，在云南沿边的众多银行开办了富含区域性、功能性特征的金融合作中心，开辟了稳定、高效的人民币跨境结算新路径。

跨境资金流动平稳有序。自 2009 年跨境人民币结算试点开启以来，云南作为我国第二批启动结算试点的省份之一，持续积极稳妥地开展了试点工作，推进了我国跨境人民币的长久发展。截至 2020 年 12 月末，云南省跨境人民币累计结算额达到 5885.70 亿元，业务覆盖全省，结算总量排名全国第 16 位，边境八省第 3 位，与境外 101 个国家（地区）建立了跨境人民币业务，人民币已然成为全省第二大跨境结算货币。

2020 年末，人民币收付在云南省同期国际收支中占比 38.54%，全国排名第 2，仅次于上海，是云南省开展跨境人民币试点初期（2010 年）的 7.1 倍。除此之外，中国第一家中缅货币兑换中心在云南瑞丽落户的同时，云南还搭建越南盾和泰铢现钞直销平台，多层次货币交易模式在云南逐渐成形，进一步深化了跨境资金融通，金融开放水平不断提升。

四、新时代云南对外开放与合作路径

众所周知，云南拥有独特的地理区位优势，其地处东亚、东南亚和南亚"三亚枢纽"，亚洲六条大河都能在云南形成天然"国际大通道"。而澜湄合作机制可能成为云南省实现金融对外开放的重要突破口。

(一) 云南对外开放的路径

"推动云南省成为强大国内市场与南亚东南亚国际市场之间的战略纽带",是党中央赋予云南省的未来定位与发展趋势,云南要加快形成更大范围、更宽领域、更深层次的对外开放新局面。具体而言:

一是完善基础设施,构建跨境互联互通渠道。设施联通是建设南亚、东南亚辐射中心的基石和关键,而云南与沿边国家与地区的基础设施联通依旧存在部分缺陷,需从交通、信息、能源渠道等角度强化云南与周边国家的衔接与建设。首先,应全面推动中国与缅甸、中国与印度、中国与越南、中国—老挝—泰国三国的国际运输渠道基础建设,构建安全、畅通、高效的现代化跨境物流体系。其次,云南需与周边国家共同推进跨境通信干线的网络基础建设,提高与东南亚,尤其是湄公河国家的通信互联互通水平。最后,需进一步衔接与沿边国家或地区的能源发展战略规划,落实大湄公河次区域电网建设与改造工作,做好、做大、做强"云电外送"项目。

二是携手周边国家共同搭建自贸网络。利用 RCEP 和中老铁路开通的契机,进一步疏通与周边国家的投资、贸易渠道,合理调整贸易结构,寻找新一轮贸易增长点,共同促进贸易收支平衡,同时以对外投资拉动跨境贸易发展,使用开创性技术,加强 5G、大数据、人工智能、云计算等领域的合作,在跨境投资与贸易中形成生态文明理念,加快构建数字丝绸之路,共同创建绿色丝绸之路。

针对金融基础设施建设以及制度设计较为薄弱的国家,云南还可以发挥毗邻优势,加强对这些国家相关部门的金融辅助培训和信息技术支持力度,并适时嵌入区块链、数字技术,为跨境人民币结算提效增益,促进数字人民币在周边国家贸易和投资中落地实施。在现有周边国家货币直供渠道的基础上,进一步建成面向越南、老挝、缅甸三国,辐射东南亚国家的非主要国际储备货币现钞调剂中心,扩大现钞调运资金规模,既保障周边国家的现钞调运需求,也促进人民币安全有序回流。

三是建立和谐高效的对外开放平台体系。形成以云南自由贸易试验区为排头兵，联手跨境经济、边境经济合作区及经济技术开发区发展等平台，共同建设对外开放体系。巩固昆明区域性国际金融中心建设成果，发挥中国（云南）自由贸易试验区昆明片区金融资源集聚、金融服务模式创新和金融产品创新核心载体的重要作用。进一步巩固红河综合保税区、蒙自经济技术开发区建设成果，实现自贸试验区与保税区、经济技术开发区联动发展，发挥中国（云南）自由贸易红河片区集聚跨境沿边金融资源、特色产业和特色园区金融服务模式创新和金融产品创新示范区的重要作用。充分发挥中国（云南）自由贸易试验区德宏片区"跨境电商+跨境金融"和"跨境产能合作+跨境金融"的产融结合金融服务模式创新和金融产品创新示范区的重要作用。

（二）云南跨境金融合作未来路径

一是共建与周边国家多元合作机制，打造澜湄命运共同体。深入推进云南与湄公河国家的金融合作机制建设，积极吸引境外优质外资金融机构入滇发展，切实解决吸引外资"痛点""盲点""难点"。形成一个平台层次高、影响程度深、辐射作用强且定期规律地开展的澜湄金融合作论坛，加强央行层面、金融机构层面的交流与互访，不断完善滇柬、滇老、滇缅、滇泰、滇越等双边合作机制，以满足打造澜湄命运共同体的意愿，构建澜湄金融合作共同体。

二是完善与周边国家金融合作统筹协调机制。积极推动云南与周边国家政府机构、金融机构建立良好沟通与有效的合作机制，深化多边合作机制的构建与健全。基于跨境金融合作协调机制的建立与完善，通过国家政策支持刺激云南与周边金融机构的合作，进一步加快云南本土金融机构"走出去"步伐。在境内形成面向南亚、东南亚区域性金融机构中心集群，在境外形成"云南特色"金融机构，开拓海外市场模式。

更具体地，可鼓励云南本土金融机构在东南亚、南亚国家，尤其在湄公河国家旅游城市、中企密集城市等非首都城市新增分支、签署专项金融合作协议，同时在边境地区设立专门针对周边国家货币结算的民营银行，吸纳

"地摊银行""板凳银行""特许货币兑换机构"等主体参与,助力湄公河国家货币,如基普、缅甸元等在中国银行间市场区域交易,建立完善的做市商制度,从而逐渐建立与完善人民币现金输出—回流机制,推动人民币周边区域的国际化。

三是优化与周边国家金融合作环境。主要包括基础设施建设、金融组织体系、数字化金融合作平台三个方面:首先,完善跨境金融基础设施与产品。通过完善跨境金融基础建设,维护跨境支付系统,研发辐射东南亚、南亚国家的跨境支付服务与金融产品,如开发跨境开户、跨境理财、跨境支付、跨境投融资、跨境消费、跨境医疗、跨境教育、跨境公共服务等个人金融服务产品,为双边人员往来提供全方位、定制化的跨境金融服务。

其次,应完善金融组织体系。放宽准入门槛,通过出台相关金融政策以激励符合条件的湄公河国家的外资金融机构到云南沿边综合改革试验区、云南自贸区设立分支机构,不断引入外资进入云南金融领域,全方面推动地方金融机构健康发展,完善云南金融积极发展组织体系。

最后,举多方之力筹建面向周边各国的数字化金融合作平台。尝试以中国人民银行昆明中心支行、云南省地方金融监管局牵头,由各家商业银行、地州分行、非银行金融机构、外资银行等组成,建立云南省面向周边国家的数字化跨境金融服务大数据平台,形成一个综合性的"互联网+"金融服务信息发布、监管信息随时公开、金融业务随时监督、金融监管数据共享、金融风险随时监控的大数据平台,通过赋能金融科技在大数据支撑下促进在监管、业务、风控、决策、合作等众多领域的运用,提升金融服务效率和合作层次,有利于提高人民币周边区域的国际化水平。

主要参考文献

[1] 2020年债券市场统计分析报告[J]．债券，2021（1）：63-64，86-92.

[2] 敖影韵．金融开放：先行先试 贡献"云南经验"[J]．创造，2018（6）：38-39.

[3] 本刊编辑部．改革开放40年：银行业百花齐放[J]．现代商业银行，2018（19）：26-27.

[4] 本刊编辑部．健全的银行业组织体系建成[J]．时代金融，2018（34）：16-17.

[5] 曹凤岐．中国资本市场30年破浪前行[J]．中国金融，2020（22）：11-13.

[6] 曾慕李．人民币在"一带一路"国家跨境使用存在的问题及建议[J]．区域金融研究，2018（10）：59-62.

[7] 陈宏琳．改革开放40年昆明市金融发展历程与经验[J]．时代金融，2020（19）：42-44.

[8] 陈千红．论我国商业银行票据业务经营战略[D]．北京：对外经济贸易大学，2003.

[9] 陈悄悄，郑天歌．后疫情时代中国—东盟金融合作[J]．商业经济，2021（2）：83-85.

[10] 崔凯．大数据背景下商业银行信用风险评价体系研究[D]．邯郸：河北工程大学，2019.

[11] 崔晓松. 当代中国保险业研究（1949—1959年）[D]. 石家庄：河北师范大学，2015.

[12] 邓晴，曾广权. 云南省澜沧江流域生态环境保护对策研究[J]. 云南环境科学，2004（S1）：135-136+150.

[13] 翟芮. 中外农业政策性金融机构资金运营制度比较研究[D]. 广州：暨南大学，2008.

[14] 邸勃，梁爽. "一带一路"下的沿边跨境金融合作研究——以云南省为例[J]. 中国市场，2016（46）：74-76.

[15] 丁一兵，李晓. 关于东亚区域货币合作的研究：文献综述[J]. 当代亚太，2004（6）：16-22.

[16] 范肇臻. 国有商业银行管理模式综述[J]. 北方经贸，2013（1）：77+80.

[17] 高绍杰. 我国股市、债市、汇市联动性研究[D]. 北京：首都经济贸易大学，2019.

[18] 关耀达. 投资者情绪对我国债券信用利差的影响研究[D]. 天津：天津财经大学，2019.

[19] 官德云. 从一枝独秀到百花齐放[J]. 致富天地，2010（6）：57.

[20] 何翠香，晏冰. 试论银行业在边疆民族地区经济社会发展中的作用——以云南省为例[J]. 湖南商学院学报，2011，18（4）：77-80.

[21] 何英，刘义圣. 中国金融市场开放的历史进程和发展路径[J]. 亚太经济，2018（6）：112-119.

[22] 何颖. "一带一路"下沿边跨境金融现状、问题及对策[J]. 长江大学学报（社科版），2017，40（2）：82-85.

[23] 何永清. 经济新常态下商业银行转型发展策略研究[J]. 征信，2016，34（5）：85-89.

[24] 侯县平. 中国股票市场与债券市场间的金融传染效应研究[D]. 成都：西南交通大学，2016.

［25］胡援成，肖德勇，肖永明．国有商业银行改革过程中的经营效率评价［J］．财贸经济，2006（6）：10-16+96．

［26］季蕾．合格境外机构投资者（QFII）制度的实施对中国证券市场的效应研究［D］．苏州：苏州大学，2005．

［27］金珍．大湄公河次区域经济合作与澜沧江—湄公河合作比较研究［D］．昆明：云南大学，2018．

［28］经报评论员．云南应在澜湄合作中发挥更大作为［N］．云南经济日报，2016-06-16（C01）．

［29］鞠姗．泰国政策性金融机构研究［D］．厦门：厦门大学，2006．

［30］孔顺达．老挝商业银行风险管理及监管发展研究［D］．昆明：云南大学，2015．

［31］黎阳．富滇银行"一带一路"上的云南实践［J］．中国金融家，2019（5）：63-64．

［32］李泉，陈欣妍．中国保险业70年：发展历程与前景展望［J］．中国保险，2019（10）：27-34．

［33］李泉，靳璇．中国银行业变迁：实践探索与发展展望［J］．社科纵横，2020，35（6）：49-54．

［34］李相栋．证券业创新发展步伐加快［N］．中国城乡金融报，2017-10-13（A02）．

［35］李娅婕．改革开放30年与云南经济建设——以云南金融业为例看马克思主义中国化理论近30年的巨大成就［J］．云南社会科学，2008（S1）：249-250．

［36］李彦．中国—东盟自由贸易区框架下中泰金融合作研究［J］．金融教育研究，2014，27（6）：49-54．

［37］李扬．中国金融改革开放30年：历程、成就和进一步发展［J］．财贸经济，2008（11）：38-52+125．

［38］梁璇．中国—东盟自由贸易区相关法律问题研究［D］．昆明：云

南大学，2016.

［39］刘尔思，晏玲．云南证券市场发展的回顾与探讨［J］．云南财贸学院学报，1996（6）：49-52+62.

［40］刘尔思．云南证券经营机构的现状分析［J］．云南民族学院学报（哲学社会科学版），2000（4）：18-20.

［41］刘方，丁文丽．中国—东盟金融合作指数的构建及其演变特征［J］．国际商务（对外经济贸易大学学报），2020（1）：71-83.

［42］刘方．人民币国际化的进展及在云南的实践与对策［J］．对外经贸实务，2018（9）：56-59.

［43］刘光溪．云南省跨境人民币金融业务发展的基础条件及前景展望（上）［N］．云南经济日报，2011-09-15（C02）．

［44］刘宏博，唐青生，袁天昂．云南沿边金融开放中的跨境金融合作研究［J］．时代金融，2014（33）：94-96.

［45］刘鸿，龚申．云南深度融入"一带一路"构建对外开放新局面研究［J］．对外经贸，2021（3）：20-23.

［46］刘丽凤．近代云南金融机构职能变迁——以富滇银行和富滇新银行为例［J］．文山学院学报，2018，31（3）：90-95.

［47］刘明康．新中国银行业发展历史回顾与未来展望［J］．中国金融，2009（19）：14-18.

［48］刘申．沿边金融综合改革背景下云南保险发展的模式与路径研究［J］．红河学院学报，2018，16（6）：119-123+128.

［49］刘秀光．实施金融监管与鼓励创新的平衡问题——政策目标和经营目标的统一［J］．重庆工商大学学报（社会科学版），2019，36（4）：36-41.

［50］刘迎霜．中国金融体制改革历程——基于金融机构、金融市场、金融监管视角的叙述［J］．南京社会科学，2011（4）：16-22.

［51］卢光盛，郜可．大湄公河次区域金融合作与中国（云南）的参与

[J]．云南师范大学学报（哲学社会科学版），2011，43（6）：39-45．

[52] 陆峨峰，徐博欢．逆全球化影响下人民币国际化不确定因素与成长之路研究［J］．云南师范大学学报（哲学社会科学版），2019，51（1）：76-84．

[53] 陆静．保险的资源配置职能及其效率评估研究［D］．北京：中央财经大学，2019．

[54] 陆岷峰，时磊，李立群，李琪，安嘉理．奋斗足迹：五大阶段谋成长［J］．中国银行业，2019（10）：11-35．

[55] 陆岷峰，陶瑞．商业银行高额利润现象的平抑对策［J］．财经科学，2012（5）：1-9．

[56] 陆岷峰，杨亮．我国经济金融化的形成逻辑、风险问题与治理路径［J］．华侨大学学报（哲学社会科学版），2019（2）：59-67．

[57] 陆岷峰，周军煜．金融科技嵌入商业银行生态系统的战略思考［J］．农村金融研究，2019（2）：44-49．

[58] 陆岷峰，周军煜．数字化小微金融发展战略研究［J］．北华大学学报（社会科学版），2019，20（2）：127-134．

[59] 陆岷峰，周军煜．中国银行业七十年发展足迹回顾及未来趋势研判［J］．济南大学学报（社会科学版），2019，29（4）：5-19+157+2．

[60] 陆亚琴．云南与东盟国家贸易状况分析［A］//云南省国际贸易学会．云南国际贸易研究学术研讨会论文集［C］．云南省国际贸易学会，2004．

[61] 马建威．我国金融消费者权益保护法律制度研究［D］．北京：对外经济贸易大学，2015．

[62] 毛振华．中国债市发展70年［J］．中国金融，2019（13）：29-31．

[63] 潘为红．云南证券市场：现状与发展［J］．云南金融，1994（7）：15-18．

[64] 齐冠钧．泰国金融科技市场展露商机［N］．国际商报，2021-05-

31（4）.

［65］任正言. 金融改革发展的逻辑与经验［J］. 中国金融，2018（1）：17-24.

［66］阮氏银. 中越商业银行制度比较研究［D］. 海口：海南大学，2016.

［67］石俊志. 促进中国银行业健康发展的重要法律［J］. 法学杂志，2004（4）：26-28.

［68］宋宏谋. 中国农村金融发展问题研究［D］. 北京：中国社会科学院研究生院，2002.

［69］宋士云，宋博. 中国人民银行的改革与转型——基于职能演进的视角［J］. 理论学刊，2021（2）：99-106.

［70］孙乃岩，金喜在. 改革开放以来中国保险业发展历程综述［J］. 现代管理科学，2012（6）：46.

［71］孙乃岩. 中国特色寿险营销模式创新研究［D］. 长春：东北师范大学，2012.

［72］佟锦霞. 从《清迈协议》看东亚金融合作的发展［J］. 内蒙古科技与经济，2006（12）：37-39.

［73］王国刚，郑联盛. 中国证券业70年：历程、成就和经验［J］. 学术研究，2019（9）：2+88-97+177-178.

［74］王亮. 中美债券市场比较研究［J］. 宏观经济管理，2014（7）：87-90.

［75］王睿智. 改革开放以来中国保险业发展历程与思考［J］. 北方经贸，2019（11）：38-42.

［76］王玮微. 云南省金融发展与城市化互动关系探究［D］. 昆明：云南大学，2018.

［77］王绪瑾，王浩帆. 改革开放以来中国保险业发展的回顾与展望［J］. 北京工商大学学报（社会科学版），2020，35（2）：91-104.

[78] 王宇. 钉住制度如何酿成了泰国金融危机——亚洲金融危机10周年回望［J］. 中国发展观察，2007（10）：45-47.

[79] 王宇. 钉住制度如何引发了危机［J］. 中国经济报告，2016（6）：93-96.

[80] 王宇. 是钉住汇率制度酿成了泰铢危机吗？——泰国的汇率市场化改革和资本项目开放研究［J］. 南方金融，2013（8）：45-49.

[81] 韦拉琪. 中国（大陆）与老挝银行体制比较研究［D］. 南宁：广西大学，2005.

[82] 吴璐，李富昌，胡晓辉. 沿边金融开放背景下的云南跨境金融合作研究［J］. 现代商贸工业，2017（29）：54-56.

[83] 吴世韶. 中国与东南亚国家间次区域经济合作研究［D］. 武汉：华中师范大学，2011.

[84] 夏蜀. 沿边城商行在"一带一路"战略中的地缘化发展路径［J］. 银行家，2017（1）：32-35.

[85] 谢平. 四大银行不良资产宜自己消化［J］. 中国经济快讯，2002（19）：17-48.

[86] 熊厚. 中国对外多边援助的理念与实践［J］. 外交评论（外交学院学报），2010，27（5）：49-63.

[87] 徐新. 中国与柬埔寨金融合作研究［J］. 中国市场，2016（24）：246-247.

[88] 许茜茜. 中国票据市场运行及定价研究［D］. 武汉：武汉大学，2012.

[89] 杨惠. 中越本外币现钞跨境调运业务研究——以云南省红河州为例［J］. 红河学院学报，2018，16（6）：15-17.

[90] 杨小平. 云南省金融体制改革三十年［J］. 西南金融，2008（9）：11-13.

[91] 杨枝煌. 人民币"向南"国际化惠及澜湄合作［N］. 中国贸易

报，2017-11-28（2）.

［92］叶芳．柬埔寨2019年上半年经济金融运行情况及展望［J］．区域金融研究，2019（8）：40-41.

［93］郁方．中国银行业垄断与规制研究［D］．广州：华南理工大学，2010.

［94］袁衫光．中国证券业的运营效率研究［D］．南京：南京航空航天大学，2019.

［95］袁天昂，唐青生．中国在大湄公河次区域金融合作中的战略选择［J］．云南财经大学学报，2008（4）：95-99.

［96］云倩．"一带一路"倡议下中国—东盟金融合作的路径探析［J］．亚太经济，2019（5）：32-40+150.

［97］张佳佳．致力开创新时代对外开放发展新局面，云南出台100条政策要点［J］．时代金融，2019（10）：28-29.

［98］张健．人民币资本项目可兑换问题研究［D］．成都：西南财经大学，2010.

［99］张俊南．富滇银行竞争战略研究［D］．兰州：兰州大学，2016.

［100］张留禄．中国共产党领导下的百年金融史［J］．金融科技时代，2021，29（8）：10-13.

［101］张苗．我国货币政策规则分析［D］．广州：暨南大学，2010.

［102］张明．中国与老挝银行体制比较研究［D］．长春：吉林大学，2005.

［103］张培九．忆云南涉外保险的恢复与发展［J］．时代金融，2012（34）：58-59.

［104］张晓青．中国与东盟金融合作现状与前景展望［J］．中国信用卡，2014（3）：79-81.

［105］张岩．银行间债券市场与交易所债券市场的比较研究［D］．乌鲁木齐：新疆财经大学，2015.

[106] 张勇. 富滇银行创新发展战略实施体系研究 [D]. 昆明：云南财经大学, 2013.

[107] 赵洪. 泰国当前金融改革及其前景 [J]. 国际金融研究, 2001 (7)：26-29.

[108] 赵丽君."一带一路"背景下中国与东盟区域金融合作的创新路径 [J]. 对外经贸实务, 2019 (12)：58-61.

[109] 赵荣祥. 信用制度下的票据市场研究 [D]. 北京：中共中央党校, 2002.

[110] 周诚君. 以高标准金融市场体系助力构建新发展格局 [J]. 人民论坛·学术前沿, 2020 (23)：4-9.

[111] 周嬗, 支宇鹏. 共生视角下的澜湄六国跨流域合作文献综述 [J]. 经济与社会发展, 2019, 17 (1)：26-33.

[112] 朱米媛. 沿边开放背景下云南省边境贸易发展研究 [D]. 昆明：云南财经大学, 2018.

[113] 宗玮. 浅谈我国银行同业拆借市场 [J]. 咸宁学院学报, 2009, 29 (4)：40-41+51.

附　录
A. 云南省金融机构与市场发展情况

一、云南省金融机构

（一）发展历程

1. 云南省银行业金融机构发展历程

自改革开放以来，云南省银行业取得了长足发展。在全国银行体系不断完善的背景下，云南省银行业组织体系亦逐步健全。

（1）在金融组织体系建设方面

改革开放之初，中国人民银行昆明中心支行一身兼容中央银行和金融管理机关的职能。自1979年起，云南省开始进行金融体制改革。1979年，中国农业银行云南省分行成立；1984年，中国银行昆明分行从省人民银行分设出去；同年，国家外汇管理从中国银行划分出去，国家外汇管理局云南分局成立；1985年，专门从事城市金融业务的工商银行成立；1988年，云南省第一家股份制银行——交通银行昆明分行组建；1995年，农业发展银行云南省分行正式成立；1999年底，国家开发银行昆明分行正式营业；1996年，昆明城市信用合作社改组为昆明市商业银行，2007年12月30日，通过增资扩股，昆明市商业银行更名为富滇银行，成为云南省第一家省级地方股份制商业银行。

从银行机构体制来看，云南省银行业已然形成由中央银行为领导，专业银行（商业银行）为主体，其他银行机构并存的银行体系。至此，云南省基本形成了以中国人民银行为领导和管理的，商业性金融和政策性金融相分离，以政策性银行和国有商业银行为主体、多种金融机构并存的金融组织体系。

（2）在金融开放方面

第一，积极引入外资银行。作为中国的延边城市，云南金融开放的步伐从未停歇。1996年，泰京银行进入云南，这是第一家进入云南的外资银行。之后，恒生银行、汇丰银行、东亚银行、渣打银行等相继进入云南市场。截至2017年，进入云南的外资银行数量已达8家。同时，云南省金融业深入推进沿边金融综合改革，积极支持辐射中心的建设，重点改革领域取得多项突破。

第二，大力支持本省银行走出国门。2014年，富滇银行与老挝大众外贸银行合资成立老中银行，成为地方性商业银行走出国门的典范，为中国"走出去"的中小企业和老挝当地的中小企业解决"融资难、融资贵"的难题。2017年，老中银行磨丁分行开业，与富滇银行西双版纳磨憨支行相互呼应，联动服务中老磨憨—磨丁经济合作区的发展，开创了中老金融合作的新模式。

第三，鼓励本省银行拓展对外业务。2013年8月，富滇银行经国家外汇管理局核准，获得办理调运外币现钞进出境业务资格，成为全国第一家获得外币现钞跨境调运资格的城市商业银行，也是西南地区唯一具有外币现钞跨境调运资质的法人银行。截至2018年5月末，富滇银行累计跨境调运泰铢现钞8.75亿泰铢，柜台累计兑换8.23亿泰铢，成为云南乃至国内最大的泰铢兑换源头之一。

（3）在农村金融体制改革方面

根据《国务院关于农村金融体制改革的决定》，云南省对农村金融体制进行了改革，增设了农业发展银行的分支机构，调整了国有商业银行的机构设置，并进行了农村合作银行试点。2005年，云南省农村信用社联合社宣布成立，承担对云南省农村信用社管理、指导、协调、服务的职责，是云南省深化农村信用社改革试点工作的重大突破。截至2018年,云南省农村信用社县级联社改制不断推进,村镇银行组建取得突出成效。

(4) 在金融监管方面

1998年,人民银行云南省分行撤销,同时成立了中国人民银行成都分行昆明金融监管办事处和中国人民银行昆明中心支行,此后,云南保监局、银监局、证监局的成立,标志着"一行三局"监管体系形成,对云南省完善宏观调控、加强金融监管、维护金融稳定起到了重要作用。

2. 云南省证券业金融机构发展历程

回顾云南省证券业的发展,虽然相对于其他省份证券行业起步较晚,但是随着近年国家证券行业的蓬勃发展,云南省的证券业也有了显著的提升和进步。

(1) 在金融组织体系建设方面

1988年,随着昆明市被国务院列为第二批开放国库券转让市场的城市,云南省第一家证券公司应运而生。云南证券有限责任公司是云南首家以交易国债为主的证券专营机构,它的成立拉开了云南证券市场运作的序幕。随后,建行云南省分行等信托投资公司证券部也相继成立。

1992年,云南省第一个专营股票业务的证券交易营业部——上海海通证券公司昆明营业部宣告成立,开通了上海异地股票交易业务,从而结束了云南省长期无股票交易市场的历史。1994年,国泰证券公司昆明营业部成立,这是全国三大证券公司之一的中国国泰证券公司在云南开设的第一家分支机构。1995年底,云南省证券交易中心宣告成立,改变了云南省各证券经营机构各自为政、分散经营的局面,为证券经营机构买卖省内外有价证券提供了一个集中交易的场所。

(2) 在金融监管方面

1997年7月,云南省证券监督管理办公室成立,最初是隶属于人民政府的证券监督管理办,如今是中国证监会昆明特派办。2004年3月1日,中国证监会昆明特派办更名为中国证监会云南监管局,简称云南证监局。云南证监局的成立对维护证券期货市场的秩序、保障其合法运行起到了重要作用。

(3) 在金融开放方面

2013年11月,太平洋证券公司率先在老挝合资设立老—中证券公司,它是中国证监会批准在境外设立的第一家合资证券公司。太平洋证券此次走出国门,既是对云南省"桥头堡"国家战略的具体实践和大胆创新,也落实了中国与老挝两国政府签署的一系列金融战略合作协议。

3. 云南省保险业金融机构发展历程

追溯云南保险业的历史,不得不提及铁路货物运输保险。1909年前,云南是中国保险业空白省份之一,1909年后,滇越铁路碧色寨段的通车拉开了云南保险业的帷幕。

(1) 在金融组织体系建设方面

1980年1月1日,中国人民保险公司云南省分公司正式恢复成立,宣告云南保险业重新启程。1981年继昆明、东川、红河三州市之后,又有11个地州保险公司相继开业,随后1982—1984年,临沧、西双版纳、怒江三地保险公司成立。至此,云南圆满完成了在云南省范围内恢复国内保险业务的任务。

(2) 在保险公司体制改革方面

1995年6月,《中华人民共和国保险法》出台,规定实行产、寿险分业经营。1996年,中国人民保险公司变更为中国人民保险集团公司,下设中国财产保险有限公司、中国人寿保险有限公司和中国再保险有限公司。1996年8月,中保人寿保险有限公司云南省分公司经中国人民保险公司、中国人民银行昆明中心支行批准正式分设。1999年,中保人寿保险有限公司重组改制,成立中国人寿保险公司。中保人寿保险有限公司云南省分公司更名为中国人寿保险公司云南省分公司。

(3) 在金融开放方面

对于对外开放,云南保险业主要体现在涉外保险上。1980年,原中国人民保险公司昆明分公司整体并入省人保分公司,成为省公司的国际保险业务处,专营云南省的涉外保险业务,从此云南涉外保险业步入了正常发展之路。1993年下半年,平安保险、太平洋保险公司分别成立了昆明办事处(后改为云南分公司),两家公司加入了涉外保险行列,并相继开办了涉外保险业务,由于机构的增加、服务力量的增强,有力地推动了云南涉外保险业务的发展。

(二)总体概览

2019年,云南省金融业运行平稳,与云南省经济发展相匹配,改革不断深化,创新稳步推进,金融生态环境持续优化,对实体经济支持力度不断加大,为云南省经济高质量发展和供给侧结构性改革营造了适宜的货币金融环境。

1. 银行业金融机构

(1)机构数量

截至2019年末,云南省银行业金融机构数量为215家,营业网点从业人数达到80153人(见附表1)。

附表1 2016—2019年云南省银行业从业人数与金融机构数量

项目	2016年	2017年	2018年	2019年
从业人数(人)	78434	78141	78899	80153
法人机构数量(家)	206	215	215	215

资料来源:历年《云南省金融运行报告》。

(2)资产规模

截至2019年末,云南省银行业金融机构资产总额为44152亿元,同比增长7.9%,增速较上年末高5.2个百分点[①]。

---

① 资料来源:中国人民银行昆明中心支行。

(3) 经营情况

2019年,云南省银行业金融机构各项存款增速延续稳步回升态势,金融机构各项贷款增速延续稳中有升态势,实体经济流动性持续改善。

截至2019年末,银行业金融机构本外币各项存款余额32985.4亿元,比年初新增2237.75亿元,同比多增1657.64亿元,余额同比增长7.30%,高于2018年同期5.38个百分点;银行业金融机构本外币各项贷款余额31565亿元,比年初新增2961.22亿元,同比多增333.84亿元,余额同比增长10.81%,高于2018年同期0.65个百分点①。

2. 云南省证券业金融机构

(1) 机构数量

截至2019年末,云南省共有证券公司2家,证券投资咨询公司1家,证券公司分公司29家,证券营业部154家;共有期货公司2家,期货分公司5家,期货营业部29家。

(2) 机构资产规模

截至2019年末,2家证券公司总资产745.23亿元、净资产236.05亿元、核心净资本187.37亿元;2家期货公司总资产29.74亿元、净资产14.37亿元、净资本9.70亿元。2019年云南省证券业金融机构基本情况如附表2所示。

附表2 2019年云南省证券业金融机构基本情况

项目	数量
总部设在辖内的证券公司数(家)	2
总部设在辖内的基金公司数(家)	0
总部设在辖内的期货公司数(家)	2
年末国内上市公司数(家)	36

---

① 资料来源:中国人民银行昆明中心支行。

续表

项目	数量
当年国内股票（A股）筹资（亿元）	59
当年国内债券筹资（亿元）	2076
其中：短期融资券筹资额（亿元）	117
中期票据筹资额（亿元）	364

资料来源：《云南省金融运行报告》。

（3）市场交易情况

截至2019年末，云南省证券市场累计交易额为27598.18亿元，同比增长23.90%；客户资产2994.47亿元，同比增长22.22%；累计资金账户数2628458户。

期货市场累计交易额为26361.67亿元，同比增长54.66%；客户权益32.69亿元，同比增长48.32%；累计期货开户数39669户。

（4）融资规模

截至2019年末，全年云南省企业累计实现股票融资59.3亿元，全年云南省企业累计通过交易所市场发行公司债券35只，融资金额333.1亿元，资产证券化产品8只，融资金额111.1亿元。存续公司债券126只，融资金额1153亿元；存量资产证券化产品74只，融资金额344.1亿元。

3. 云南省保险业金融机构

（1）保险业金融机构数量与从业人数

截至2019年末，云南省有法人保险公司1家，保险省级分公司40家，州市及以下机构2740家，实现129个县区全覆盖。保险公司现有职工2.73万人，营销员16.2万人，较年初增加3.8万人。

（2）保险业金融机构资产规模

截至2019年末，云南省保险行业总资产为1148.8亿元，同比上年增加了13.5%。2019年云南省保险业金融机构基本情况如附表3所示。

附表3 2019年云南省保险业金融机构基本情况

项目	数量
总部设在辖内的保险公司数（家）	1
其中：财产险经营主体（家）	1
寿险经营主体（家）	0
保险公司分支机构（家）	43
其中：财产险公司分支机构（家）	28
寿险公司分支机构（家）	15
保费收入（中外资，亿元）	742
其中：财产险保费收入（中外资，亿元）	333
人身险保费收入（中外资，亿元）	409
各类赔款给付（中外资，亿元）	261
保险密度（元/人）	1527.5
保险深度（%）	3.2

资料来源：云南保监局。

（3）营业情况

截至2019年末，云南省保险市场延续良好发展态势，全年实现保费总收入613.3亿元，同比增长15.9%，较上年提高2.2个百分点。

（三）案例介绍：富滇银行

富滇银行品牌创立于1912年，是除招商银行、中国银行、交通银行外中国第四个拥有百年历史的老字号银行品牌。恢复成立后的富滇银行全面融入现代金融改革进程，在云南省委、省政府的坚强领导下，在人民银行等监管部门的支持指导下，综合实力不断壮大，品牌影响力持续提升。截至2019年末，全行152家分支机构入驻云南省15个州市和重庆市，发起设立4家村镇银行，与老挝外贸大众银行合资设立老中银行，是全国第一家在境外设立子行的城商行。

1. 富滇银行发展历程

(1) 富滇银行的起源

清末云南财政收入主要靠中央政府的补贴及邻省协济。云南重九起义后，原来的拨款和协饷骤停，为维持地方财政，适应军政府的需要，蔡锷领导下的云南督军府在 1911 年 11 月倡议设立公钱局。1912 年决定在公钱局的基础上设立云南富滇银行，史称"旧富滇银行"。同年 2 月 9 日，富滇银行正式成立并对外营业，其总行设在威远街西口。这是云南第一家省立地方银行。

富滇银行属官办性质，形成其优越地位。除办理各类存款、放款，期票贴现等业务外，富滇银行还具有发行纸币的"中央银行"职能，并代表省政府执行地方金融政策、统制外汇等，"实滇省金融机关之中心也"。另外，在富滇银行章程中也规定"本银行于不妨碍营业之范围内，得依云南政府之命令，筹付款项，以供财政之需用，但政府应即筹备将款随时归还，总其财政金融互相维持，俾达省立银行之目的"。为财政筹付款项的规定把金融挂到了财政上，为以后的通货膨胀、滇票贬值埋下了伏笔，最终成为富滇银行破产的重要原因。

(2) 富滇银行的危机及衰落

1916 年开始，富滇银行开始第一次向军政府垫款 80 万元，此数字占该行当年度纸币发行额的 20%。巨额的政府借款，迫使富滇银行不得不滥发纸币，几乎成为政府的印钞机，结果引起通货膨胀。1929 年后，内战虽然平息，但龙云为巩固自己的实力，军费开支仍有增无减，至 1932 年 6 月底富滇银行结束时，政府积欠已达 4583 万元，占富滇银行纸币发行总额 9294 万元的 50%之多。

政府对富滇银行积欠日益严重，动摇了富滇银行纸币的基础。而老滇票的贬值，引起物价上涨，政府仍以这种低值纸币为本位，实际收入减少。财用愈感不足，又迫使富滇银行进一步增发纸币。如此循环往复，互为因果，财政金融相互拖累，每况愈下，最后导致财政枯竭、银行空虚，老滇票信用尽失，金融呈现危机状态。

(3) 富滇新银行的成立

富滇银行经过十余年的风波，发行的纸币一再贬值，在社会上的信用日益恶化。为了挽回民心，军政联席会议决定对富滇银行进行彻底的改革，即结束富滇银行，成立富滇新银行。

1929年11月，政府再次召开整理金融财政会议。这次会议指出导致金融几近崩溃的根本原因在于财政和金融的相互牵绊。1930年召开军政联席会议，决定金融财政严格划分，政府不再向银行借款，使金融机构得以日趋稳定。1932年6月，省政府即宣布收束富滇银行，7月1日成立富滇新银行。9月1日正式成立，开始营业。富滇新银行成立后，整理金融委员会即宣告结束，富滇银行一切财产概由新行接收，旧行发行的纸币由新行以新币一元折合旧币五元陆续收兑销毁。

(4) 富滇新银行的结束与新生

"1950年3月8日，富滇新银行由昆明市军管会接管，经过清理，接管物资变价折款人民币316468万余元……债权大于债务，折合人民币76468元。至此，富滇新银行结束。"①

富滇银行的新生源于昆明市商业银行的一次成功更名。昆明市商业银行成立于1996年12月，是云南省唯一一家按照现代公司制度组建、具有一级法人地位的地方性商业银行。2007年12月30日，昆明市商业银行成功更名为富滇银行。富滇银行作为曾经是云南省历史上在我国西南和东南亚各国具有强大影响力的地方银行，具有较高的历史文化品牌价值。昆明市商业银行成功更名为富滇银行，赋予了这一历史知名品牌新的内涵，也延续了传统百年品牌新的生命力。

2. 富滇银行总体概况

(1) 资产负债状况

截至2019年末，富滇银行资产总额2674.20亿元，同比增长8.08%，较

---

① 转引自《昆明市金融志》。

年初增加约 200 亿元；吸收存款余额 1621 亿元，同比增长 11.8%，较年初增加 171 亿元；各项贷款和垫款余额 1394 亿元，同比增长 18.11%，较年初增加 214 亿元。2019 年富滇银行资产负债状况如附表 4 所示。

附表 4　2019 年富滇银行资产负债状况

规模指标	2019 年	2018 年	同比增长（%）
总资产（亿元）	2674.20	2474.18	8.08
总负债（亿元）	2478.36	2321.25	6.77
股东权益（亿元）	195.83	152.93	28.06

资料来源：富滇银行网站。

（2）经营业绩

截至 2019 年末，富滇银行实现营业收入 50.88 亿元，同比减少 0.5%；实现营业利润 4.25 亿元，同比增加 1657.23%；实现归属于母公司股东净利润 3.79 亿元，同比增加 234.43%（见附表 5）。

附表 5　2019 年富滇银行营业状况

主要经营业绩	2019 年	2018 年	同比增加（%）
营业收入（亿元）	50.88	51.14	-0.50
营业利润（亿元）	4.25	0.24	1657.23
利润总额（亿元）	4.21	0.24	1661.60
净利润（亿元）	3.77	1.06	256.28
归属于母公司股东净利润（亿元）	3.79	1.13	234.43

资料来源：富滇银行网站。

（3）其他财务指标

截至 2019 年末，富滇银行实现拨备覆盖率 142.66%（母公司口径），比年初增加 37.78 个百分点；资本充足率、流动性等主要监管指标保持在合理区间；市场信用评级稳定在 AA+，风险化解成效和经营发展前景获得监管部门和市场的充分认可。

二、云南省金融市场

（一）发展历程

金融市场是由许多不同的市场组成的一个庞大体系，包含大量子市场，按照不同的划分标准，子市场可以归结为不同的类型。由于金融市场的划分多样且烦琐，因此本文以富有代表性的资本市场为探讨对象，来映射云南金融市场的发展史。

改革开放 40 多年来，随着经济体制改革的不断深化和社会经济的发展，云南省资本市场经历了从无到有、从小到大的发展历程，整体上呈现出更加健康、更加规范、更加高效的良性发展局面。

自从云南白药成为改革开放后云南省首家上市公司以来，2019 年新增上市企业 2 家，全市境内外上市公司已增加至 30 家，新三板挂牌企业 63 家，包括我爱我家控股集团股份有限公司、美好置业集团股份有限公司、云南铝业股份有限公司等。为打造具有区域特色、品质优良、竞争力强的资本市场"云南板块"，2019 年 1 月云南省政府出台《云南省推进企业上市倍增三年行动方案（2019—2021 年）》，提出到 2021 年云南省上市公司数量实现翻番，达到 70 家以上，其中省属国有企业新增上市公司 14 家以上，昆明市新增上市公司 10 家以上的目标。

证券行业作为资本市场最重要、最核心的中介机构，与资本市场并生共存。红塔证券股份有限公司 2002 年正式开业，是在对云南省原三家信托投资公司证券业务重组的基础上，由红塔集团等 13 家国内知名企业共同发起，并经中国证监会批准设立的比照综合类证券公司。太平洋证券股份有限公司通过增资扩股壮大了资本实力，于 2007 年底成为云南省首家金融类上市公司。红塔期货有限责任公司成立于 1993 年 4 月，原名日盛期货经纪有限公司，是云南省第一批介入期货行业且唯一连续经营至今的期货公司。云晨期货有限责任公司成立于 2002 年，是以云南铜业（集团）有限公司为主发起组建的，主营商品期货经纪和金融期货经纪业务的期货公司。

面对当前的新时代、新形势，昆明市上市公司、证券期货等公司的数量、质量都有待进一步加强，按照2018年中央经济工作会议的要求："打造一个规范、透明、开放、有活力、有韧性的资本市场。"

(二) 金融市场发展概括

1. 社会融资规模增量创历年新高，融资结构进一步优化

2019年，云南省社会融资规模增量达到4926.2亿元，创历年新高，同比多增692亿元。表内贷款累计新增2963.5亿元，同比多增369.8亿元；表外融资（含委托贷款、信托贷款、未贴现的银行承兑汇票）累计减少255.4亿元，减幅收窄286.5亿元；直接融资（含债券和股票融资）累计新增652.4亿元，同比多增250.7亿元；政府债券累计新增1132.9亿元，同比少增124.9亿元。2019年云南省社会融资规模分布结构如图1所示。

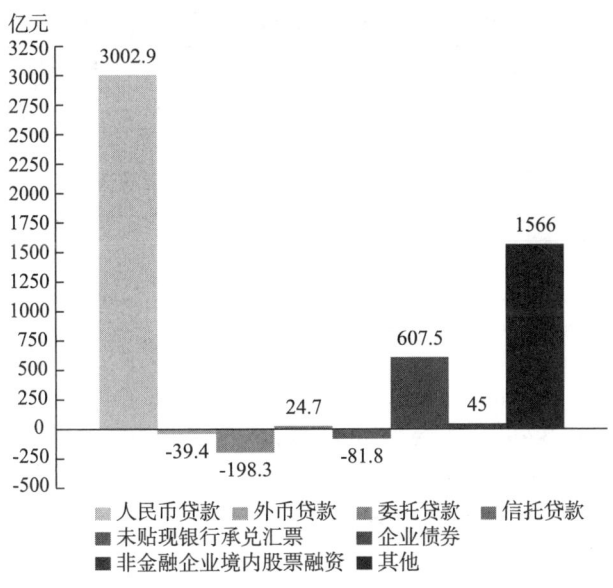

图1　2019年云南省社会融资规模分布结构

资料来源：中国人民银行昆明中心支行。

2. 银行间市场业务交易活跃，市场利率下行

2019年，云南省地方法人金融机构通过同业拆借、债券回购、现券买卖等方式累计成交127798亿元，同比增长5.4%。其中，同业拆借累计成交3565亿元；债券回购累计成交115551亿元；现券买卖累计成交8682亿元。

全年金融市场流动性合理充裕，资金价格处于较低水平。云南省市场成员通过质押式回购融入融出资金，全年1天隔夜品种加权平均利率为2.09%，7天期品种加权平均拆借利率为2.61%。

3. 票据融资快速增长，利率水平下行

2019年末，云南省银行承兑汇票余额同比增长18.7%。其中，中小企业签发的银行承兑汇票余额占比51.8%。票据融资增速放缓，年末余额同比增长14.5%。全年票据直贴加权平均利率为3.39%，较上年下降1.2个百分点。2019年云南省金融机构票据贴现、转贴现利率如附表6所示。

附表6 2019年云南省金融机构票据贴现、转贴现利率

季度	贴现		转贴现	
	银行承兑汇票（%）	商业承兑汇票（%）	票据买断（%）	票据回购（%）
一	3.55	4.63	3.14	2.83
二	3.50	3.98	3.08	2.91
三	3.23	4.38	2.78	2.70
四	3.00	3.81	2.46	2.56

资料来源：中国人民银行昆明中心支行。

（三）案例介绍：云南省证券市场

1. 云南省证券市场发展历程

（1）起步阶段（1981—1987年）

云南省证券市场始于1981年的国债。当时，国债发行的方式主要是靠行政强制性手段，由各企事业单位摊派认购。在四年的时间里，国债是云南唯

一的证券品种，只买不卖构成了这一时期的特点。1984年前后，以昆明市为中心，在云南省范围内出现了小贩沿街叫卖折价收购国库券的黑市交易情况。1985年，云南省出现了企业内部强制性集资。接着，不少地方企业相继发行了各种名目的债券，如武定县城镇建设开发公司住宅有奖债券、楚雄宾馆实物有奖企业债券、昆明卷烟厂七五技改债券、曲靖卷烟厂企业奖售融资债券、楚雄州粮食企业及烟草行业有奖有息融资票据等。企业内部债券的发行，特别是住宅、卷烟等债券的发行，一改过去靠行政手段强制购买的形式，激发了群众的购买热情。

（2）形成阶段（1988—1991年）

1988年，少数实行股份制改革的企业发行了3520万股内部股票。国债、企业内部债券和股票，构成了云南省证券发行市场的主体，一种朦胧的金融投资意识已在老百姓心里初步形成。同年，昆明市被国务院列为第二批开放国库券转让市场的城市之一。接着云南省各级财政部门和部分金融机构相继成立了证券营业部，直接从事国库券交易。最早成立的是省地市财政局国库券交易部和云南省工商银行信托投资公司证券营业部。1988年9月，云南省证券公司应运而生，这是云南省第一家至今也是唯一一家证券专营机构。

随后，建行云南省分行等信托投资公司证券部相继成立。这些证券经营机构以代理债券发行和交易为主要业务，人们手头持有的国债可随时到证券经营机构交易兑现。作为金融投资对象的国债已不再以行政方式强制发行，转为各证券机构承购、包销，同时出现了群众自愿认购或投资国债的情况。一个有组织的证券交易市场在云南省初步形成了。

（3）发展阶段（1992年至今）

1992年是我国证券市场迅猛发展的一年。当年5月，上海海通证券公司昆明营业部成立，开通了上海异地股票交易业务。继之，省内各证券经营机构分别开通了上海、深圳异地股票交易业务，省证券公司还开通了NET法人股交易业务。1993年11月以来，云南省先后有"云南白药""昆百大""昆明机床""保山水泥""云维股份"等多家股份有限公司分别在上交所、深交所异地上市,共发行人民币 A 股 1.655 亿股,其中"昆明机床"还在香港联交所上市发行股票 6500 万股。这些股票的上市发行,使云南省企业走向省外,主动通过境内外证券市场筹集生产建设资金。从此,云南证券市场跃上了一个新台阶。这段时间云南省债券市场有一定发展,企业开始主动走向市场筹集资金,群众生活水平大幅度提高,人们的金融投资意识大大提高。除地方企业债券外,人民银行总行开始从 1989 年起给各省一些企业内部债券指标和企业短期融资券指标。两种指标都实行余额控制,周转使用,用于解决流动资金不足问题。1992 年云南省企业内部债券指标 5177 万元,实际实现 8000 万元。

这期间云南省证券经营力量进一步发展壮大。成立了昆明市国际信托投资公司证券部。1994 年国泰证券公司昆明营业部成立,这是全国三大证券公司之一的中国国泰证券公司在云南开设的第一家分支机构。1995 年底,云南省证券交易中心宣告成立,改变了云南省各证券经营机构各自为政、分散经营的局面,为证券经营机构买卖省内外有价证券提供了一个集中交易的场所。

2. 云南证券市场总体概括

(1) 上市公司及融资情况

截至 2019 年末,云南省累计实现股票融资 59.29 亿元。云南省共有上市公司 36 家(见附表 7),其中沪市 14 家、深市 22 家、主板 22 家、中小板 10 家、创业板 4 家,总股本 630.86 亿股,总市值 5743.7 亿元。

附表 7 2018—2019 年云南省上市公司基本情况

项目	2018 年	2019 年
上市公司(家)	33	36
市值(亿元)	3554.55	5743.7
股票首发筹资金额(亿元)	0	26.15
股票再筹资金额(亿元)	37.65	33.15
在审、在辅导企业(家)	6	10

资料来源:《云南省金融运行报告》。

(2)"新三板"挂牌公司、拟挂牌公司及融资情况

截至 2019 年末,云南省共有"新三板"挂牌公司 79 家,其中基础层 69 家、创新层 10 家,做市转让 13 家、集合竞价转让 66 家。云南省累计 2 家次挂牌公司实现股票融资 2.17 亿元(见附表 8)。

附表 8 2018—2019 年云南省股转系统挂牌公司基本情况

项目	2018 年	2019 年
挂牌公司(家)	94	79
在审挂牌公司(家)	1	2
定向发行股票筹资金额(亿元)	2.76	2.17

资料来源:《云南省金融运行报告》。

(3)交易所市场①债券发行融资情况

2019 年末云南省企业累计通过交易所市场发行公司债券 35 只,金额 333.1 亿元;资产证券化产品 8 只,金额 111.1 亿元。截至 12 月末,云南省存续公司债券 126 只,金额 1152.95 亿元;存续资产证券化产品 74 只,金额 344.1 亿元。

(4)证券经营机构及交易情况

截至 2019 年末,云南省共有证券公司 2 家,证券投资咨询公司 1 家,证券公司分公司 29 家,证券营业部 154 家。云南省 2 家证券公司总资产 745.23 亿元、净资产 236.05 亿元、核心净资本 187.37 亿元。证券经营机构通过保荐上市、发行债券等中介服务,以及开展股权质押融资、定向资管、资产证券化等融资业务为云南企业融出资金余额 527.07 亿元。

2019 年云南省证券市场累计交易额为 27598.18 亿元,同比增长 23.90%;客户资产 2994.47 亿元,同比增长 22.22%;累计资金账户数 2628459 户(见附表 9)。

---

① 交易所市场指上海证券交易所、深圳证券交易所、机构间私募产品报价与服务系统。

附表9 2018—2019年云南省证券经营机构基本情况

项目	2018年	2019年
证券公司（家）	2	2
证券公司分公司（家）	29	29
证券营业部（家）	158	154
证券投资咨询公司（家）	1	1
证券市场交易金额（亿元）	22388.39	27598.18
客户托管资产总额（亿元）	2866.89	2994.47
资金账户数（户）	2374831	2628459

资料来源：《云南省金融运行报告》。

（5）期货经营机构及交易情况

截至2019年末，云南省共有期货公司2家，期货分公司5家，期货营业部29家。云南省2家期货公司总资产29.74亿元、净资产14.37亿元、净资本9.70亿元。2019年云南省期货市场累计交易额为26361.67亿元，同比增长54.66%；客户权益32.69亿元，同比增长48.32%；累计期货开户数39669户（见附表10）。

附表10 2018—2019年云南省期货经营机构基本情况

项目	2018年	2019年
期货公司（家）	2	2
期货营业部（家）	31	29
期货市场交易金额（亿元）	17044.42	26361.67
客户权益（亿元）	22.04	32.69
期货开户数（户）	36710	39669

资料来源：《云南省金融运行报告》。

（6）私募基金情况

截至2019年12月末，云南省已完成登记的私募基金管理人共91家，备案基金157只，管理资金规模1003.83亿元。

B. 中国（云南）与澜湄国家金融合作大事记

维度方面	金融合作事件
货币合作	2000年5月，东盟10+3财长通过了《建立双边货币互换机制》（《清迈倡议》）
	2001年12月6日，中国人民银行与泰国银行签署总额为20亿美元的美元与泰铢之间的双边货币互换协议
	2011年12月22日，中国人民银行与泰国银行签署双边货币互换协议，规模为700亿元人民币/3200亿泰铢
	2014年11月22日，中国人民银行与泰国银行续签双边货币互换协议，规模为700亿元人民币/3700亿泰铢
	2020年1月6日，中国人民银行与老挝银行（老挝中央银行）签署了双边本币合作协议，允许在两国已经放开的所有经常和资本项下交易中直接使用双方本币结算； 2020年1月，中国人民银行与泰国银行（中央银行）续签了双边本币互换协议，互换规模为700亿元人民币/3700亿泰铢，协议有效期五年，经双方同意可以展期； 2020年5月20日，中国人民银行与老挝银行签署规模为60亿元人民币/7.6万亿基普的双边本币互换协议； 2020年12月22日，中国人民银行与泰国银行续签规模为700亿元人民币/3700亿泰铢的双边本币互换协议
	2021年3月1日，中国人民银行与柬埔寨中央银行签署双边本币合作协议
	2023年，中国人民银行与老挝银行续签规模为60亿元人民币/15.8万亿元老挝基普的双边本币互换协议
金融基础设施合作	1992年，中国人民银行与越南国家银行签署基于边贸的本币结算协议
	2002年，中国人民银行与老挝央行签署边境贸易结算协定
	2003年10月16日，中越双方共同签署了修订后的《中越结算与合作协定》
	2018年，越南央行正式推行边贸公布"越南-中国边境贸易外汇管理指引"，其中允许非边境地区银行授权边境地区银行代理其边贸人民币结算
	2019年，缅甸央行宣布将人民币作为官方国际结算货币
	2020年，中国国家主席习近平对缅甸进行国事访问期间，中缅双方签署并交换了《中华人民共和国商务部与缅甸联邦共和国投资与对外经济关系部关于加强基础设施领域合作的谅解备忘录》

续表

维度方面	金融合作事件
金融基础设施合作	2022年，中国人民银行与老挝银行签署了在老挝建立人民币清算安排的合作备忘录；中国人民银行授权中国工商银行万象分行担任老挝人民币业务清算行
	2023年，中柬签署《在柬埔寨建立人民币清算安排的合作备忘录》和《中国人民银行与柬埔寨国家银行金融创新与支付系统合作谅解备忘录》
金融市场合作	1992年，中国银行副行长杨惠求在新加坡主持中国银行1.5亿美元浮动利率债券发行仪式
	2003年6月2日，正式启动亚洲债券基金，初始规模为10亿美元
	2004年12月16日，EMEAP发布新闻公告，宣布出资设立第二期亚洲债券基金，基金初始规模为20亿美元，内含泛亚基金及八个单一市场基金
	2005年5月12日，东亚及太平洋地区中央银行行长会议宣布，亚洲债券基金二期即ABF2正式启动
	2012年，中国上海证券交易所与越南河内证券交易所签订了合作备忘录
	2015年，人民币合格境外机构投资者试点地区扩大到泰国，投资额度为500亿元人民币；中泰两国股票市场实现互联互通
	2017年，深圳证券交易所携手多家中资证券公司与越南西贡商信银行证券公司、越南投资等越方机构成功举办中越资本合作论坛；经中国人民银行授权，中国外汇交易中心开展人民币对柬埔寨瑞尔银行间市场区域交易
金融监管合作	2005年，中国证监会与越南证券监管机构签署监管合作备忘录
	2006年，中国银监会与泰国中央银行签署谅解备忘录
	2008年，中国银监会与越南签署双边金融监管合作备忘录
	2011年，中国证监会与老挝证券委员会签订证券期货监管合作谅解备忘录
	2013年4月，中国银监会和柬埔寨国家银行签署了谅解备忘录
	2014年，中国证监会与泰国证监会签署了合作备忘录
	2017年，在习近平主席对越南国事访问时，中国银监会与越南央行签署了双边监管合作谅解备忘录
金融机构合作	2004年，中国建设银行与越南多家银行签订边贸结算账户协议； 2004年，中国银行广西分行与越南农业和农村发展银行谅山省分行、广宁省分行在越南谅山市签订边境贸易结算清算协议； 2004年7月6日，中国农业银行与越南农业和农村发展银行分别在越南的下龙市、中国的凭祥市签署边贸补充协议，联合推出人民币或越南盾电汇及信用证等边贸新产品
	2006年，中国国家开发银行与越南、柬埔寨、老挝签署金融合作协议
	2007年，中国工商银行与越南开通中越"边贸通"电子结算业务

续表

维度方面	金融合作事件
金融机构合作	2008年，中国国家开发银行与越南、老挝建立双边合作办公室
	2010年，中国云南省6家商业银行与越南、老挝、泰国、新加坡、缅甸等国家的9家银行签署代理清算协议，开通与泰国的清算渠道
	2011年，中国云南省与泰国、老挝签署结算协议；富滇银行与老挝大众银行共同推出人民币与老挝基普的挂牌汇率；中国工商银行广西分行推出人民币兑越南盾的业务
	2017年，中国银行广西东盟货币现钞调运中心正式挂牌成立，更是完成了越南盾现钞通关入境和人民币现钞跨境调运；中国平安财产保险股份有限公司与越南保越保险总公司正式签署战略合作协议
	2019年，中银香港胡志明市分行完成了首笔越南非边境地区跨境贸易人民币委托结算业务
	2023年，中国人民银行发布公告，授权中国银行金边分行担任柬埔寨人民币清算行；中国国际资本财富管理有限公司与中柬联合投资信托（柬埔寨）股份有限公司在深圳正式签署战略合作协议

资料来源：作者整理。

C. 澜湄国家金融发展指数比较

由国际货币基金组织（IMF）货币与资本市场部、战略与政策评估部等专家构建的全球金融发展指数（FD）包括金融机构与金融市场两个维度，每个维度含深度（Depth）、可及性（Access）和效率（Efficiency）三个子维度，如附图1所示。其中，金融机构主要是银行、保险公司、共同基金、养老基金及其他非金融类机构；金融市场主要是股票市场和债券市场。

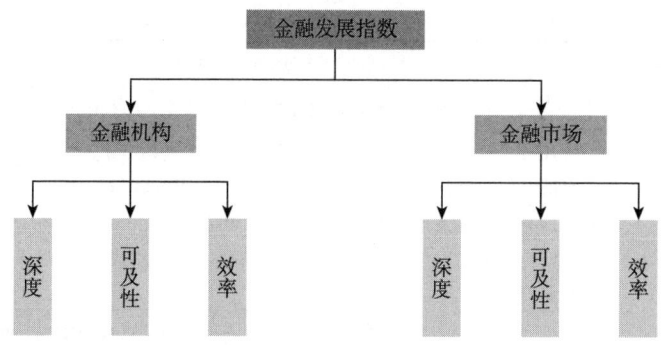

附图1　金融发展指数构成

一、金融机构发展

金融机构发展方面，附图2显示，自1980年以来，泰国金融机构发展程度最高，指数值从1980年的0.31上升到2020年的0.72，而同期中国只达到0.62，位居第二。越南、柬埔寨、老挝则较低，缅甸金融机构发展水平最低，2020年也仅有0.23，是泰国的32%、中国的37%。

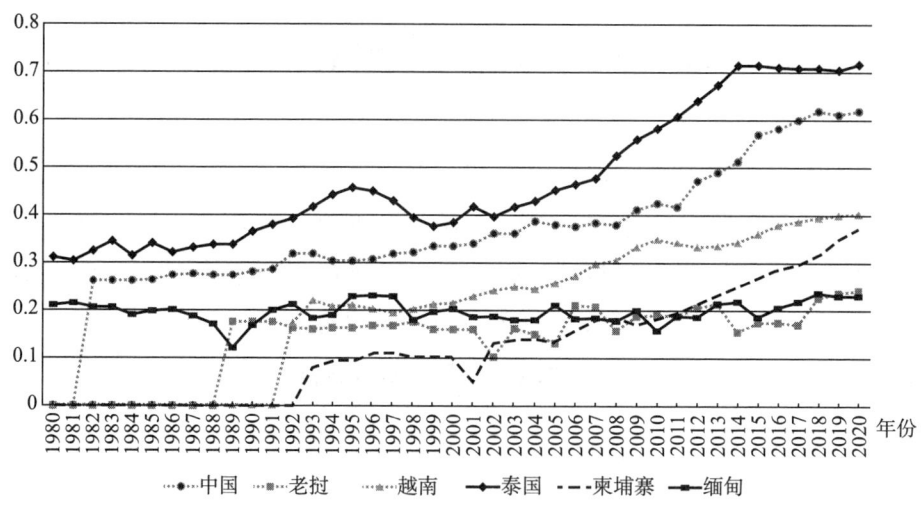

附图2　1980年以来澜湄国家金融机构发展情况

资料来源：IMF。

二、金融市场发展

金融市场发展方面,附图3显示,自1980年以来,泰国金融市场发展仍处于领先位置,中国紧随其后,位居第二,并在某些年份呈超越之势,如1996年、2007年中国金融市场发展均超过了泰国金融市场发展,2020年泰中两国金融市场发展程度超过0.7。金融市场发展程度处于第三位的是越南,且亦远高于老挝、缅甸和柬埔寨三国。缅甸和柬埔寨金融市场发展程度最低,2020年也分别仅有0.14%和0.24%。

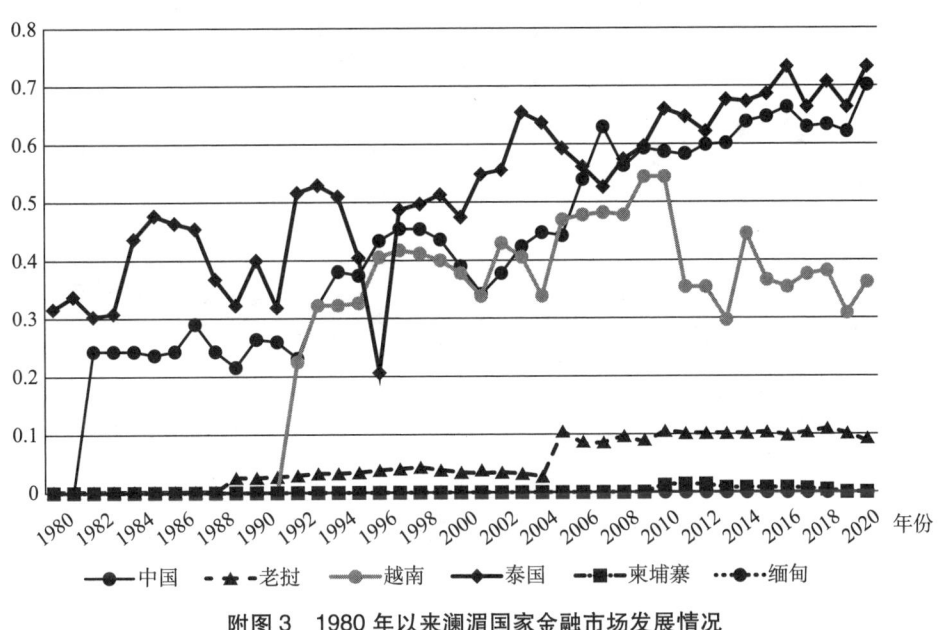

附图3　1980年以来澜湄国家金融市场发展情况

资料来源:IMF。

三、整体金融发展

综合来看,附图4显示,金融发展水平最高的是泰国,指数值在2020年达到0.74,中国则位居第二,2020年达到0.67,与泰国相差7个百分点。越南位居第三,2020年的金融发展指数为0.39。柬埔寨排名第四,2020年的金融发展指数值为0.19,排在第五位和第六位的分别是老挝和缅甸,缅甸金融发展程度最低,2020年仅有0.12,而老挝也超过0.18。

因此,从金融发展程度看,在澜湄国家中金融发展程度最高的是泰国,其次是中国,越南居第三位,柬埔寨、老挝和缅甸金融发展程度则较低。

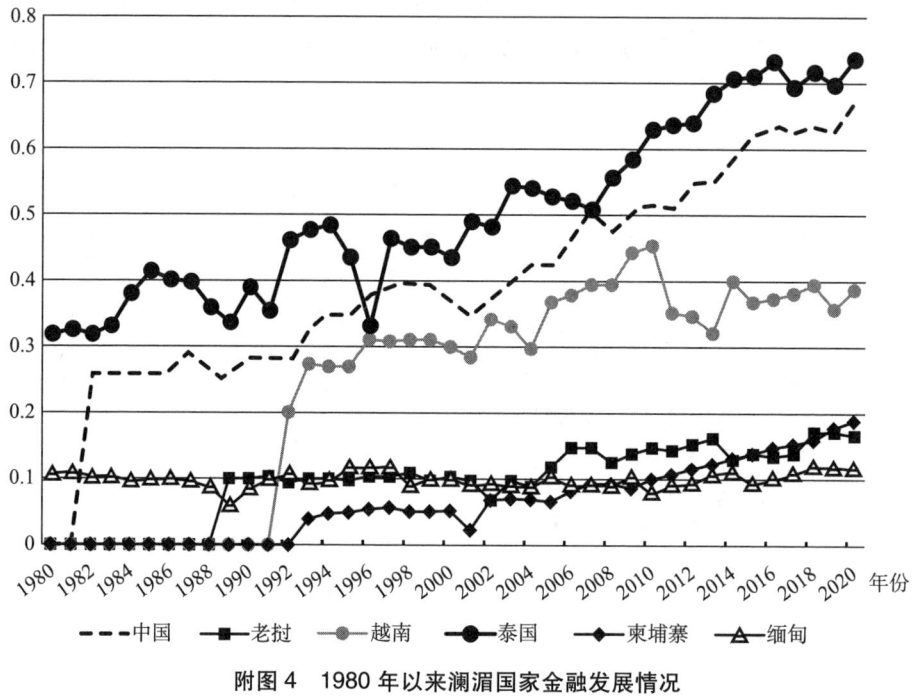

附图4　1980年以来澜湄国家金融发展情况

资料来源:IMF。

索 引

B

北京证券交易所　　8

D

地摊银行　　82

G

国有专业银行　　3

H

胡志明市证券交易所　　83
货币合作　　97

J

加华银行　　58
柬埔寨人寿保险　　91
金融机构合作　　97

K

跨境金融合作　　104

L

老挝国家银行　　24
老挝证券交易所　　73

澜湄命运共同体　　108

M

曼谷证券交易所　　89
缅甸农业开发银行　　79
缅甸仰光证券交易所　　33

P

盘古银行　　99

Q

清迈倡议　　98

S

上海证券交易所　　10
深圳证券交易所　　10

W

武汉证券投资基金　　64

Y

沿边金融开放　　113

Z

债券通　　11

后　记

本书是在我主持的云南省哲学社会科学科普项目"澜湄金融发展与合作报告（1990—2020）"的基础上修改而成。

云南周边国家既有与云南接壤的越南、老挝和缅甸，还有柬埔寨和泰国，因湄公河流经而与中国合称"澜沧江—湄公河国家（简称澜湄国家）"。1992年，该区域在亚洲开发银行倡议下发起了大湄公河次区域（GMS）经济合作机制；2016年，六国代表首次在中国海南召开合作会议确认了"澜湄六国"合作机制，在此机制下正式开启了澜湄国家在经济、政治、文化、农业等领域的合作。

就金融领域而言，中国与云南周边的湄公河国家合作早在20世纪90年代已经从边境贸易开始，其形式主要是边贸结算协议的签署。近年来，特别是受新冠疫情影响的三年来，中国与云南周边国家金融合作发展虽稳中有进，但总体的合作范围、合作形式等较为狭窄和单一。深化中国与云南周边国家的金融合作，拓展云南对外开放合作的新形式、新路径，推进云南建设面向南亚、东南亚辐射中心和人民币在东南亚地区的国际化，有必要全面了解这些国家金融发展状况，以此找准金融合作方向和突破口。

为什么需要关注金融合作对象国的金融发展条件呢？既因金融发展水平高低关涉其与中国（云南）开展金融合作的内容、方式和层次，又与这些国家自身的金融制度发育不足、金融基础设施薄弱等现实情况有关，这已成为中国深化与云南周边国家金融合作的掣肘。基于此，本书综合使用规范分析、描述统计分析等方法，结合有关图表和数据，分金融机构、金融市场和金融

后　记

合作三章，按中国、老挝、缅甸、越南、泰国和柬埔寨的叙述顺序，辅之以案例形式依序全面整理和归纳各国金融机构与金融市场的发展情况，并介绍中国与云南周边国家金融合作状况及呈现的特征，进一步指出未来的合作路径与方向。

在本书的写作过程中，收集的大部分资料均来源于各国中央银行网站、相关统计资料和学术论文等，除文中部分资料已标记来源外，其余资料均来源于已发表的学术论文，并按学术规范标注出相关作者信息，以示感谢。研究生黄歆怡、石娥、杨赫等负责文献查找、数据收集和有关内容的撰写工作，在此一并表示感谢。

本书的出版将有助于读者全面了解澜湄国家金融发展与金融合作的基本情况，为深入研究有关这些国家的金融问题奠定良好基础。由于部分国家资料收集困难，相关数据更新滞后或存在疏漏，不妥之处在所难免，希望读者批评指正，并及时反馈，以做更正参考。